掌握说话技巧

吴　阳◎著

北方妇女儿童出版社

图书在版编目（CIP）数据

掌握说话技巧 / 吴阳著. —— 长春：北方妇女儿童
出版社, 2019.3
ISBN 978-7-5585-3242-9

Ⅰ. ①掌… Ⅱ. ①吴… Ⅲ. ①语言艺术—通俗读物
Ⅳ. ①H019-49

中国版本图书馆CIP数据核字（2018）第291396号

出　版　人　刘　刚
封面设计　艺和天下
责任编辑　张晓峰
开　　本　140mm×200mm　1/32
印　　张　6
字　　数　145千字
印　　刷　三河市元兴印务有限公司
版　　次　2019年3月第1版
印　　次　2019年3月第1次印刷

出　　版　北方妇女儿童出版社
发　　行　北方妇女儿童出版社
地　　址　长春市人民大街4646号
邮　　编　130021
电　　话　编辑部：0431-86037512
　　　　　　发行部：0431-85640624

定　　价　39.80元

P前言
REFACE

不会接话，不会赞美，不会察言观色；怕当众说话，怕说错话，怕被拒绝，怕丢面子；一开口就紧张，一聊天就不知所云，一插话就冷场；融不进朋友圈，猜不透领导的心思，听不懂女友的话。如此种种都是说话技巧欠缺的表现。

会聊天的人受欢迎，会说话的人最出众。会聊天，新朋友就会一个接着一个来！好好说话，别让自己输在不会表达上。

在快节奏的今天，在电子通信发达的现在，面对面交谈显得更加重要。科学技术可以成为人际信息交流的有力工具，但它无法成为人际沟通的交谈者。我们知道，人际沟通中只有7%的信息是靠有声语言传递的，其他则通过我们的语音、语调及肢体语言来完成。我们只有通过花时间练习自己的交谈技巧，锻炼自己的沟通交际能力和信息传达能力，才能改变我们的生活，走向人生的巅峰。

《掌握说话技巧》是一本交际口才指导书，它总结了聊天高手在实际生活和工作中经常运用的聊天技巧。通过通俗易懂的事例和小故事，深入浅出地点透成功社交的说话窍门，告诉你在不同场合下，与不同的人如何打交道、交朋友，教你把所有人变为贵人，创造自己全新的未来！

C目录
ONTENTS

第一章
说话的艺术

口才的价值

每天我们都会遇到一些场合，需要我们说几句适当的话。这几句适当的话，能够帮我们很大的忙，解决我们大大小小的问题。因此，我们能够就地运用我们的口才，对于我们的生活、工作都有很大的益处。

一个会说话的人，可以流利地表达出自己的意思，也能够把道理说得很清楚，使别人很乐意接受。有时候还可以立刻从问答中测定对方语言的意图，从对方的谈话中得到启示，了解对方，与对方诚挚的友谊。但是，我们常看到许多不会说话的人，他们说话不会完全表达出自己的意图来，往往使对方听起来费神，而又不能使人信服地接受，这就造成了一种交际上的困难。

遇到有事情和别人接头，或有事情需要跟别人合作的时候，说话流利的人，总能很愉快地谈判成功很多事情，使人清楚地明白他的意图。

目前人类的社会生活，人与人之间及社会之间的关系是非常密切的，因此社交往来也是不可缺少的。随着人们互相合作机会的增加，我们的说话表达能力，显得更重要了。

人类生活到了现在，口才已成为决定一个人生活及事业优劣成败的一个因素。由一个人每天所说的话，可以判定他每天的工作生活情况；一个人每天的喜怒哀乐，往往由其言语来决定。一生失败于口才的人很多，我们和人接触时所说的话，是很容易被人估定其价值的。口才好，说话流利会使人托付重任。有了才干，即使没有口才，虽也可以达到成功的目的，但有才华兼有口才的人，他的成功希望更大。因为他的才干可以通过言语谈吐充分地表露出来，使对方更深一层地了解他，并且信任他，这样对方才敢托付给他重任。尤其是一个有学问而没有口才的人和人交谈时，就有点儿难于应付，同时在无形中就损失了不少的收获。有些人，在繁忙的人事接触中，觉得别人说的话，有如自己被威胁似的，也许别人的说话太圆滑多变，太富于煽动性，使自己的说话反觉得木讷结舌了。一个滔滔不绝的说话者，颇有一种不可思议的力量，可以使周围气氛松弛或紧张。

口才，的确是人类生活中最难能可贵的艺术或技术，你看到一百个人中能有几个是长于口才的呢？少数有口才者，可以说是出于天才，但多数有口才者，却是出于平常多锻炼的缘故。

说话流利的人很受人欢迎，他能够使许多原先不相识的人携手，亦能使许多本来彼此不发生兴趣的人互相了解、能替人排解纠纷，消除人与人之间的隔阂。能医治他人的愁苦、忧闷，使大家生活得更美好、更快乐。我们又知道说话流利的人生活过得很快乐，他们业余的时间和朋友或家人可以快快乐乐相处在一起，使大家得到很多的乐趣。

有许多人自己觉得说话不流利，感到生活上很不方便。他们平时很少说话，若跟几个熟得不得了的人东拉西扯倒可以，可是一到要办事的时候，一句有用的话也说不上来。他们在社会生活中，处处觉得词不达意，时时感到困窘。于是别人就会说他们是些老实人。他们也会渐渐地觉得自己是老实人，自己对自己说，或是对别人说：我是老实人，我不会说话。好像老实人就必定是不会说话，不会说话的必定是老实人。这样，怪不得有些人取笑说："老实乃无用之别名。"

社会上有许多不老实的人，利用了一般所谓的老实人不会说话的弱点，占他们的便宜。这些会说话而不老实的人，的确是可恨的。不会说话的人，最恨的就是这些人，骂他们花言巧语，骂他们尖嘴利舌，骂他们滑头。然而会说话的人未必是不老实的人。这样那些不会说话的人，也不应自以为比那些会说话而不老实的人清高，他们想：我虽然不会说话，但我是老老实实的人，否则，有些人就会因此而不肯去补救他们不会说话的弱点，错误地以为去学说话，就是去学滑头，学不老实一样。不过，多数老实人并不那样想。他们倒真是老老实实地承认，不会说话是他们很大的缺陷。他们想练习一下自己的口才，因为他们知道有了很好的口才之后，才不会做一个词不达意的老实人，才不会在生活上、工作上遇到很多困难，才能促进自己事业的成功，使自己的生活顺利而愉快。

没有口才的人，有如发不出声音的留声机，虽然是在那里转动，却使人感到没有兴趣。工业社会是一个繁忙的社会，具有口才的人，他必然是现代社会中的活跃人物。口才是一种技术，也是一种艺术。能干的大企业家，一定要具备这种技术或艺术，律师、教师、演员、推销员等，都是侧重于口才的。口才是人类生活中应用普遍而最难能可贵的技术或艺术。一个人的说话能力可以代表他的力量，口才好的人往往容易被人尊敬，而口才差的人容易被人冷淡遗忘，由此足以显示"口才"两字对于人生旅程是具有何等重要的意义。

一个人的生活，包括衣、食、住、行、音、乐六件要事。一个小孩子在刚落地的时候，他第一个要求就是要吃奶，因为他要求生存，乳汁是维持他生存的要素；后来，孩子渐渐长大了，他不仅要吃，而且要求行动上的自由。倘若父母们缚住了孩子的手脚，他一定会一刻不停地挣扎着，倘若挣扎再不能生效，继之便号啕大哭。随着孩子们年龄的增长，衣、食、住、行、音、乐六项，是他们一日不可或缺的要素。这是天经地义，谁也推翻不了的。这里我还得提醒大家一句，就是一个孩子在七八个月的时候，他们还有一种极重要的表现，这种表现是由于人类本能的作用而产生的。人类本有一种说话的本能，小孩子在七八个月的时候，他们要求表达他们心里的意思，咿呀地发出各种不同的声音，这正是人类生活中的一种奇迹，而这种奇迹，许多人都把它忽略了，以为它并不是生活的因素。

人类生活的要素，一方面是物质生活的满足，如衣、食、住、行、音、乐的舒适；另一方面却是精神生活的安慰，如思想、意念、情感等等。充实精神生活，正和满足物质生活一样需要，甚至在某一种境地中，满足精神生活，却比满足物质生活重要得多，尤其是表达思想，满足意念，传述情感的语言，更是人类生活当中一件不可或缺的事情。当你正和大家谈得十分起劲，这时若你的声音嘶哑，无从发言，你会觉得如何呢？

人类生活已经到了不能孤立生存的境地，语言的作用，更表现出不可或缺。无论在什么环境中，你总不可能避免跟人们交往，那么，就不能不依靠说话来做交往的媒介。这里我们不必多费时间来研究语言是如何产生的问题，但是我们却不能不讨论人生和语言的密切关系。一个人的说话能力，可以显示他的力量，一个口才好的人，说话说得使人佩服，往往使他的地位抬高了许多，就是胸无半点常识的人，往往因为会说话，大家都以为他是个能人。当然，我不是说一个人只要口才好，就可以应付一切了，但是，你如果具有良好的口才，无论是立身处世，还是交友待人，都一定会给你许多帮助。人之见解、主张，是经过长期形成的，但却是可以改变的。想通了这一点，当你遇到别人的意见和你不同时，一方面就不会过于心急地要求别人立刻表示同意，就会容人多多考虑一下，而且也还希望别人多多考虑一下再相信；另一方面，也不至于一听见意见和自己不同，就说什么"话不投机半句多"。三言两语合不来，就断绝交往闭口不谈。而相反地，你会很有兴趣地听听别人有什么不同的意见。

开场白的重要性

无疑每一个人都希望自己具有从容自如的说话信心，以求自己能展示超凡脱俗的说话魅力。但是，我们须知，说话的信心和魅力如何，与说话的水平和技巧是休戚相关的。敢于说话而不善于说话不行；善于说话而不敢说话也不行；只有既敢于说话又善于说话，才会产生良好的交际效果。

然而，不知我们曾否反躬自问："我会说话吗？"这是一个看似十分简单而又颇为幼稚的问题。

此所谓"会说话"，亦即善于说话，意指说话者能够准确自如、恰到好处地表达出自己的思想、感情、意图等；能够把道理讲得条分缕析、形象生动；能够轻松自然，简洁明了地使他人听清和理解自己的话语。同时，善于说话者能够从与他人的交谈之中，测定他人说话的意图，得到有益的启迪；而且还能够通过谈话，增加自己对他人的了解，跟他人建立良好、和谐的友情。由此可见，是否善于说话，与是否敢于说话，二者均举足轻重，不可偏废。

是否敢说又善言，对我们每个人的生活、事业乃至闲暇娱乐都起着至关重要的作用。在生活中，敢于说话又善于说话的人，处处都受人喜爱和欢迎。他能使许多本不相识的陌路人走到一起，携手共进；能够排难解忧，消除人与人之间的误会与隔阂；能使苦闷、郁郁寡欢者得到安慰，使悲观厌世、不思进取者得到鼓励，能够使自己周围的人变得更快乐、更聪明、更美好、更有所作为。

在工作及事业上，敢于说话又善于说话的人，可以充分利用自己的语言交际能力来说服他人，使工作顺利进行，左右逢源，可以说，说话的自信心与说话的魅力，是一个事业出色的成功人士的必备条件。

在闲暇娱乐中，敢于说话又善于说话的，能随时随地给生活增添乐趣，无论与朋友结伴，还是与家人相聚，他都可以使人轻松快乐，大家感到比上电影院、歌舞厅还能得到更多的乐趣。同时，我们也常看到许多不敢说话、不善言辞的人所遇到的尴尬情形。他们的说话不能准确、完全地表达出自己的意图，让听者觉得十分吃力费神，更谈不上能使对方产生共鸣，或心悦诚服地接受其意见，这样就造成了交际上的种种困难，影响工作，影响生活，同时也给自己带来诸多苦恼。

敢于说话又善于说话的人，总是使人清清楚楚地明白自己的意图，不敢说话又不善于说话的人，会经常使人产生误解；敢于说话又善于说话的人，总可以很愉快地在各种场合取得成功，敢于说话又不善于说话的人，却不容易在谈话中使人信服，因而往往成为失败者，十分狼狈。由此可见，如何提高自己的说话信心和增强自己的说话魅力，对我们每个人来说都是十分重要的。我们今天所生活的社会，是一个文化、科技与信息高度发达的时代，社会生活变得愈来愈复杂，人与社会变得愈来愈密切，人们相互合作的需要也变得愈来愈加强。同时社会往来已是必不可少。"离群独处"更是很不现实。

从微观来看，我们每天、每时、每刻都可能会出现在一些不同的场合，而在这种场合我们都需要说上几句适当的话。如果这句话的确说得恰到好处，那就能帮我们很大的忙，帮我们解决许多问题，克服许多困难，消除许多麻烦，对我们的工作、生活都大有裨益。

总之，我们每个人都要下苦功夫提高一下自己的说话信心，提高一下自己的说话魅力。因为只有如上所言才会避免在社交活动中出现失败，才会避免工作、生活上遇到很多困难，才能促进自己事业的成功，使自己的生活变得五彩缤纷、舒心愉悦。

笑的好处

从你在别人眼中出现，一直到你开口之前，这一段时间，其实你都在说话，只是并非用口来说。你开口之前，你的眼睛，你的动作，你的全身都在表现着什么。这些你所表现的东西，会使人准备听你说话，或是不想听你说话，使人对你发生敬意或是产生恶感。

所以我们说"口才"的才，不是只靠"口"去完成的。"口才"其实泛指一般表达情意与人交际的才能。如果误以为"口才"只靠口中所说的话，这就使我们的"口"的才打了折扣，有时还会发生不良的反作用。

有一位朋友，他常常奇怪为什么别人总不肯听他讲话。他常常问我："为什么有的人一开口，别人就静下来听，而我讲话，别人仍然各讲各的，并且老喜欢打断我的话。"这种情形，自然是由许多复杂的原因所造成，但其中一个重要的原因，就是他不知道用他的眼、眉、胸、肩、身各部位，帮助或配合他的口。

所以，在训练学生参加演讲比赛的时候，对于他们在开口之前这段时间特别注意，要求他们一再地练习登台，走路的姿态，怎样鞠躬，怎样注视听众。只要这些细节做得好，听众就已经对他发生兴趣，全场静了下来。所有的眼睛都亲切地集中在他的身上，为他的演讲铺平道路。在某些场合，这些非"口"之才，所能达到的效果，比你言语所能表达更多。

在你开口之前，你必须用你全部身体，向听的人传达你对他的敬意与好感，暗示出你所要说的话的重要性，和它基本的语调。这不只是在演说的时候要如此，在平时说话的时候也是这样。即使在闲谈的时候，在朋友们的客厅里，坐着的你忽然站起来，或者把你的座位向对方移近一点，或者在众人之中，选择一个较好的位置，或者突然采取一个不寻常的姿势，只要你做得自然、得体，对你的言语都会有很大的帮助。

在我们的日常生活里，有许多话都不是用口说出来的。有经验的人常常利用这样的"话"，补语言不足，或是加强言语的效果。有时是一个姿势，有时是一种表情，有时是一声叹息，有时是一声长笑。

你不要小看这一声叹息和一声长笑，有时可以补语言之不足，传达了同情与谅解，帮我们解决了许多问题。有这么一个故事：

在抗日战争时期，有个人在西南的一个部队里工作。他的上司是一个相当开明的将领。有一天，有一个身份特殊的人物，神态严肃地向那个将领说了一句令人啼笑皆非而又很难回答的话："听说，你正在阴谋叛变是吗？"但那个将领听到了这句问话之后，什么话也没有说，只坦然地、爽朗地仰天一笑。

我就很佩服他这一笑，在这一笑里显示出对方问话的荒唐和他自己的毫不介意，以及其他很难用言语解释的奥妙。

语言的积累

　　言语是以生活为内容，有生活、有实践经验，就有谈话的内容。有丰富的生活内容，有丰富的实践经验，谈话的内容自然也比较丰富。因此，你对于你的国家、社会，生活、朋友、亲属、同事等，都要经常关心，你对于所见所闻，要加以思考、研究一番、分析一通，尽量地去了解，而不是对什么事情都漠不关心，让时间静静地从眼前、耳边溜过去，失去学习和积累知识的机会。在社会生活中，你要随时随地计划、安排、改变你的生活，而不是马马虎虎地过日子，让机会白白流掉。

　　你是不是认为自己和国家大事、社会人群息息相关，而是安于作一个井底之蛙，对于身外事都不闻不问呢！如果这问题的答案，都是肯定的，你就是一个善于思考，善于观察，遇事冷静，朝气勃勃的人，那你就和口才的高水平距离不会远了。即使你现在还是一个不大会说话的人。你已经具备了大批的、雄厚的、扎实的本钱，如果不呢？那就需要你下决心和努力了。

　　在你看报纸的时候，拿一支红蓝铅笔，把每天只要三五条有兴趣的新闻，或是所见的好文章勾出来。要是能够剪下来，就更好了，每天即使两三条，两个星期后，你便记得不少有趣的事情了。你在看报纸、杂志、书籍的时候，每天只要记住其中的一两句，你认为很有意义的话，用红蓝铅笔，在那句话旁边画上线，要是能抄在你的日记本上或是笔记本上那就更好，收效会更大。开始的时候不要贪多，你还没有这个习惯，否则，不到几天，你就会厌烦放弃了。如果你每天不停地记一两句，两三个月后，你就会发觉你的思想比以前丰富多了。谈话的时候，很容易就想起你学习过的内容，甚至会用自己的话把它们发挥得更好。这些有意义的话，随时随地都会从你的头脑中跳出来，帮助你，解决你的难题。在听演讲时，在听别人谈话时，随时都可以遇见表现人类智慧的警句、谚语。把这些记在心中，抄在本子上，久而久之，你谈话的题材、资料就越来越多，你的口才就越来越成熟了。久而久之，你简直可以出口成章，随便说什么都可以有条有理，思想也丰富了。

为了提高我们的口才能力，顺便举几个常常利用的话吧：

无论何时都不要拒绝工作中间的细小事情，因为伟大的事情是由细小的事情构成的：

（1）你真爱她吗？那么为什么不为她的前途打算一下呢？

（2）你如果爱她，那么为什么要她牺牲她辛辛苦苦多少年努力的学业或社会的地位呢？

（3）无论你的男朋友说他怎样爱你，都是假的，除非他的一举一动，都是为你的前途着想，单是为你着想，还是骗人的、假象的。唯有行动才能说明问题；

（4）请你放心，我是很看重我自己的前途。

为了远大的前途，就不能过得太偷懒、太马虎、太随便，要树立大志，坚定信念，不断努力，拼搏前进，永不停息，即使有多大的艰难，也要不断进取、奋斗，要强迫自己努力去实现自己的目标，将来的收获，绝不仅仅是使别人羡慕你的口才，对于观察问题，思考问题都有尖锐的眼光，学识和经验也会丰富起来，想象力、敏感性都大大地增强了。他出去找一匹驴子，结果却发现一个王国。这是说人常常有这种机缘，这就是运气，运气和个人奋斗是分不开的，长期不懈地奋斗和好运气是画等号的，两者不可缺一。本来自己所要求的很小，结果却得到无限的收获。学习口才能力，也是你将来得到的却不只是口才的提高，是比口才这驴子不知大若干倍的"王国"。这王国是什么呢？是你的伟大而丰富的生活。你整个的品质和各方面的能力，都大大地提高了。

对于谈话的题材和资料，一方面要懂得去吸收，一方面要懂得去应用，懂得去应用，就是一句普普通通的话，也往往会得到惊人的效果。学习吸收的目的是为了应用，不应用的学习吸收毫无意义，等于白费工夫。

有一个慈善家，他发动他的朋友们去募捐，供建教堂之用，募捐的情形是很困难的，他有一个朋友，打算放弃这项工作，并且引用一句古诗："十扣柴扉九不开"，来说明募捐困难的情形，十扣柴扉九不开，真是把募捐困难的情形形容得恰到好处，可是，听了叫人们多么灰心丧气啊。但是，这位慈善家把这一句话，以另外的角度去应用它，同样的话，就得了完全相反的效果，他说：不错，我们现在的情形是十扣柴扉九不开，可是这也是说十扣柴扉有一扇开。那么，我们要敲开十扇门只要努力一点，多敲几十次门就是了。于是，他把这句"十扣柴扉九不开"的诗句，发展成"百扣柴扉十门开"，鼓舞了他们的朋友，而完成了募捐。

从前还有一个发明家想发明一件东西，他和他的助手们已经举行了1642次试验，可是都失败了，他的助手说：你看，试验了1642次，一点用也没有。这个发明家说：为什么没有用呢？这使我们知道了1642次不成功的方法，积累了1642次失败的经验，那么，要成功就必须在这1642次方法之外去找。

有一个音乐家，因犯罪在监牢里仍经常拉小提琴，到了执行死刑的前一天，狱卒就问他：明天你就要死了，今天你还拉它干什么呢？你猜那位音乐家怎么回答呢？他说：明天就要死了，今天我不拉它，还有什么时间拉呢？视死如归，用笑脸去迎接死神，在死神面前心里非常平静。

口才的作用

口才，在人际交往中，是显出非常重要，起着关键性的作用。人类的人际交往，实际上就是人生生活的磨炼。如果你不会应酬，人们就看你是个呆子。所谓应酬，其实也没有什么神秘，而是在长期的实际生活中磨炼所获得的经验，我们常见到许多人会面的时候，开始像下面类似的说话：甲：哈哈，你好；乙：你好，你很忙吗？哈哈！这样的开场白，看起来相当平淡，似乎没有什么内容的交谈，但是，假如你仔细注意一下，他们的实质态度，他们的语调，这哈哈的两声，就是表现着特殊的情感，这情感既不冷淡，也不热烈。而是从生活实践中磨炼出来的世故经验，是一种经验的自然表现。人们所说的阅历、经验，就是指这方面应付自如的表现。

如果你和人们交往，你在社会上跟一系列的人交往、接触，自然，你会衡量别人，而别人也会衡量你。不知道你是用什么标准去衡量别人，但是可以明确地对你说，别人是如何衡量你的。当每个人第一次见面的时候，他们的脑筋中立即出现了一种印象，仔细注意到你的一举一动，注意你的一切，无论你笑一下，走动一下，或是微咳一声，人家都相当注意，当作一件新奇事，从而判断出你是一个怎样的人。你的态度，说话更是表现出一个人是怎样的。

有时候，人们在见面时，尤其是第一次会见时，都尽量表现好的一面，掩饰自己平时不足的一面。这样，人们为了要获得比较真实的结果，于是，他便含着微笑，婉转地，一面用眼睛不停地打量着你，一面又和婉地同你交谈：你贵姓？您是……这您是……。多么有意思！他自然地让你自己招供出，这里面的答话，就是衡量你的最有效、最方便，同时又最厉害的尺度。如果你能从容不迫地向他还个礼，然后再和婉地对答他的问话，你做了自我介绍之后，你再询问对方的一切，这样，你将被他重视，钦敬。在人与人的交往中，有些人老练、持重；有些人轻浮、狡猾；有些人圆滑、冷漠；有些人口是心非，有些人口蜜腹剑；有些人则人情世故什么也不懂。所有这些都是因为每个人的口才与举动所显示出来的，时间稍长一点，就全部暴露无遗了，是无法掩饰的。

在社交场合里，你若能稍加留心注意，就可以看出许多人当中，有的很会说话，有的爱听人说话，有的不爱说话也不爱听人说话。会说话、爱说话的人，只要你轻轻用一两句话逗起他，他便会一直说下去，你只要具备忍耐涵养的功夫，不管他说得有无趣味，仍能耐心听着，那么他就会大为满意，即便是你一句话也不说，也会使他把你作为知己。爱听不爱说的人，这类人对谈话很感兴趣，可是，他却生性不大好说话，但又爱听人家说话，只有到了非不得已时，才说上两句，以少说话为佳的心态，来适应社会生活。听话当然较容易，但是说话又能说得生动有趣、讨人喜欢却是不容易的事。

你可以从头到尾包办说话的义务，但是，你要记住，你的说话，是说给别人听的，而不是说给自己听的。因此，说话不在于贪图自己说得痛快，而必须顾全大局，顾及对方的兴趣。

由于你的话是专说给别人听，所以你就必须时刻为听者着想，而后择其感兴趣的话题开谈。别人愿意听你的话，大概因为你所谈的内容能吸引人，或有价值，或者是在他的心里产生共鸣，或者你的奋斗经验值得借鉴，或者因你对某些问题有独到的见解，或者是一些特殊新闻。所以，对方才愿意认真听你说话，当你了解到对方的兴趣时，你就可以一直说下去。

勤奋出天才

有人说口才是必须有天才的，这句话是不可以相信的，所谓的天才，他们之所以口齿伶俐，是因为运用字句语气，以及态度发音等有了训练的缘故，其他之外还有什么正确的理由可以说他们都是天才而成的呢？例如：你说"我到一家理发店去理发，在××街和××街的转角处，门牌是436号，××街正在修路，我记得这家理发店是六年前开的"，讲了一大套，别人还不知道你这个故事的要点是什么，也许你所讲的这些都是毫无意义，你讲此话的要点是什么，是你走进了一家理发店去理发，有一个理发师是你大学的同学，他为什么变成了理发师呢？这才是故事的要点，抓住要点，要了解听者的兴趣集中在那一点，少用对话，进行要快点。在重要的环节，要讲得详细，其他地方，用一两句话交代过去就算了，切不要一般用力，使人费解，摸不着头绪、不知所云，使听者无所适从。

只要你的办法正确，又能按办法去做，有信心坚持，耐心练习，必定能够掌握说话的技巧。

向别人表达自己的不同意见，只要是方法对头，不但不会得罪人，而且有时还会大受欢迎，使人有"与君一席话，胜读十年书"之感。要知道，得罪人的不是你的意见本身，而是你对别人意见的态度。如果是你表示不同意见时，把自己的意见看作是绝对正确，而别人的意见简直是愚蠢幼稚，荒诞无稽，那你这样做就是伤人了，而且还是伤得很厉害的，因此，你在表达自己意见的时候，要假定自己的意见也可能有错误；你不要逼人立刻接受你的意见，你要容许别人有充分的时间来考虑你的意见，你必须供给对方相当充分的资料，而且还要供给对方考虑你的意见的根据，若要别人也和你自己一样地相信你的意见，你必须容许对方的提问，来证实是否正确。叫人足够相信你的意见，既不是盲从，也不是武断。同时，你还要表示愿意考虑别人不同的意见，请对方提出更多的说明、解释和证明，使你相信。你要表示，假使对方能够使你相信他的意见，那么你就立刻抛弃你自己原来的看法，这样，一方面老老实实地说出自己真正的看法，一方面又诚诚恳恳地尊重别人的思考能力，这样才是最理想的互相交谈方式。这才是坦率的、开诚布公的好方法。有的时候，如果你的意见看法和人家相差甚远，你可以事先作这样的声明：也许这是我的偏见，请大家斟酌。

听取他人意见

在社交场合，有些人不喜欢听取别人的意见，心中只有自己。而且还自以为比别人高明，事事要占上风，好出风头。对于这类人，即使是你有很大的本事，见识比别人高明，也绝对不能使用这种态度。由于你这样的做法，根本没有给别人留点余地，而采用趾高气扬而又蛮横的方法使别人感到窘迫，无路可走，便明智地不想同你一般见识。如果有这种坏习惯的人，所有的朋友和同事，肯定没有一个人向你提出意见和看法，更不敢向你进一步提出忠告。这类人，人们往往不想接近他，有时甚至产生看而生厌的情绪。这类人应当有自知之明，逐渐改变其不良习惯。

你应当明白，在日常的人际交往中，谈论的话题十有八九不是学术性上的问题，或国与国之间的外交上的原则性问题。而是非标准性的，这样，你的意见和看法并不一定是正确的，合理的。而别人的意见和看法也不一定是错误的，无价值的。有这种毛病的人，即使是你比别人聪明，想从自己的思想中提出更高超的见解，也不能用这种方法来对待人，何况，平时的交往所说的事情是琐碎小事，不必费心费时作更深的研究和争辩。我们日常所交谈的目的，消遣多于研究，大可不必认真，大家说说笑笑便行。希望你不要自作聪明，对别人不要随便说教。即使是你的说教有一定的见解，人家也会很不乐意接受。要说教应当婉转一些，采用征询的口语说出你的看法、见解，人家才比较容易接受。所以，你不要随便摆出架势，来教导人家。

在社交场合，你的朋友、同事，帮助你出点子、献策略。你若不能立刻赞成，起码你也要表示可以考虑考虑，这种情况下，切不可马上提出反驳。要是你的朋友和你谈天，你更应当注意，不可太执拗，这样很容易把一切有趣的事情变得乏味。要是真的对方犯了错，又一时不肯接受指正、批评或劝告，应往后退一步，不要急于提出来，把时间延长一些，隔几天之后或更长时间再说：否则，若双方都固执己见，不仅没有取得成效，还会造成僵局，伤害双方的感情。

而作为你，也应学谦虚些，不要太过于高傲，要随时考虑别人的意见，不要太固执，应该让人们都觉得你是一个可以谈话的人，这样做才合乎情理，是很懂得道理的人。

谈话的目的是在于知道一下别人对某一件事情的意见和对社会世事的看法，以便增加双方的了解，增进朋友之间的友谊，使大家都对生活感兴趣。如果发现与对方的意见、看法不一致，也能从中得到启发和学习，对方也会感到刺激和满足。如果别人的意见和看法同你一样时，你要立刻表示赞同，不要迟疑。不要认为这样做是为了讨好对方，也不要认为这是随声附和，因此就不出声了。假如不出声，反而使人觉得你与对方的意见相反，或者是没有主见了。

口才的要素

曾经打败过拿破仑的库图佐夫，在给卡捷琳娜公主的信中说："您问我靠什么魅力凝集着社交界如云的朋友？我的回答是：真实、真情和真诚。"可以毫无疑问地说，真实、真情和真诚的态度是成功的说话者的法宝，是高明的交际者的妙诀。

高明的口才家应该用真的情感、竭诚的态度去呼吁人们的心灵，刺激之、振奋之、感化之、慰藉之、激励之。对真善美，热情讴歌；对假丑恶，无情鞭挞。用诚挚的心去弹拨他人的心弦，用虔善的灵魂去感化他人。让听者闻其言，知其意，见其心，达到情感上的共鸣，就会令讲话如春风化雨，润物无声，潜移默化，产生磁铁般的影响，唤起群众的热情，这样就能以震撼人心的巨大力量，发生"共振效应"。

大家都熟知《左传》中"触龙说赵太后"的故事。赵太后刚掌管国政，秦国就加紧进攻赵国。赵求救于齐，齐王却要求用赵太后最小的儿子长安君作人质出兵，赵太后决不答应。大臣们竭力劝谏，赵太后生气地说："有再说要长安君作人质的，我就要唾他的脸。"大臣们因此都不再敢说这件事了，但左师触龙却不畏难。首先他委婉地说明，他是来看望太后的，让太后消了怒气。然后他表示对太后生活起居的关心，语气轻柔，娓娓动听，最终使太后神气缓和了。继之，触龙又引导太后说起儿女情长的话来，至此，触龙见时机已到，便故意道："我认为太后您对燕后（太后的女儿）的爱，胜过对长安君的爱。"

左师触龙明知太后更爱长安君，偏偏这样说。为下面的话作铺垫。他说太后为燕后作了长期打算，而没有为长安君作长期打算，并举例说明无功而封以高官厚禄，只会给子女带来杀身之祸，这次正是为国立功的机会，今后在赵国就站得住脚了。左师触龙的这番话，用真挚情感，将心比心，达到感情上的融洽，最终说服了太后，同意长安君到齐国当人质，解除了赵国的军事危机。

唐代大诗人白居易说："动人之心者莫先于情。"一个说话者如果感情不真切，是逃不过成百上千听众的眼睛的，反之能够打动听众的心。无数著名的政治家，他们的交际之所以出色，特别注意培养自己说话、演讲的真切情感，可谓他们的成功之法。美国著名政治家林肯乃是其中杰出代表之一。1858年，他在一次竞选辩论中说："你能在所有的时候欺瞒某些人，也能在某些时候欺瞒所有的人，但不能在所有的时候欺瞒所有的人。"这句著名的政治格言，成了林肯的座右铭。第二次世界大战期间，年近70岁的英国首相丘吉尔在对秘书口授反击法西斯战争动员的讲稿时，激动得像小孩一样，哭得涕泪横流。他的这一次演讲，动人心魄，极大地鼓舞了英国人民的反法西斯斗志。

一个说话者如果讲话华而不实，只追求外表漂亮，开出的只能是无果之花，若缺乏真挚而热烈的情感，只是"人工仿制"的感情，虽然能欺骗听众的耳朵，却永远得不到听众的心，而说话者一旦讲话袒露情怀，敞开心扉，就会达到语调亲切、说理虔诚、激情迸发，内容充实的效果。也就会字字吐深情，句句动心魄。

做个说话高手

一个人要想挖掘自己的说话潜能，使自己成为一个能言善辩的口才高手，方法可能是多种多样的。这其中必然少不了提高自己的说话技巧与艺术。而抓住要点，明确目的，则是其中的重要一环。

日本的板川山辉夫先生认为，通向善于说话的道路是由微小的言语活动的"尘土"堆积起来，最后就成了可观的东西。他曾设计了一个"自我自省录"，供那些真想成为善于说话的人对照参考。其内容大致如下：

（1）想成为善于说话的人的愿望是一时的还是永久的？

（2）若发生什么事，想成为善于说话的人的意志坚强还是微弱呢？

（3）自己认为已经可以解决的事情，还能够列为每天的课程实行吗？

（4）能够不厌其烦地向周围的人宣布"我正在学习说话的方法吗"？

（5）认不认为学习说话方法是一件可耻的事？

（6）你在——查考别人说话的缺点吗？

（7）你对自己的说法方法置若罔闻，而对别人的事情却是说三道四吗？

（8）有没有把自己说不好话归咎于自己的学习、职业遗传，工作繁忙和性格，等等？

（9）有没有心中自我解嘲："说话已经高明了，我却为什么……"

（10）对方不善于明辨是非时，生气吗？

（11）路上遇到熟人，对方没有注意，你能否有勇气主动向他问候？

（12）人有好恶，能不能不让它表现出来，照常交往？

（13）选择想要采用这种说话方式的人作为学习目标吗？

（14）会议时间长时，常常睡觉或打哈欠吗？

以上诸条被视为达到善于说话目标的要点，如果说话者能经常反复反省，则一定会取得成绩。

第二章
说话的有效方式

驾驭你的谈吐

现代生活流行的格调和时尚的本质出乎人们的意料。她不是过去人们想象的什么东西，而是每个人都有的"语言"。她现在已经成了一种财富，一种虚拟的、可以直接兑现的财富。

语言作为人类的财富，她首先体现在作为交流的工具这层意义上。对那些不善于使用这种工具，不懂得应该如何交流的人，那就对他所持语言的价值已经被自己打了折扣。"语言"没有固定的角色，不要因为你是教师或所谓的知识分子说话就要流露出酸味来；也不要因为你是工人、农民老大粗，就一定要讲粗话，在"语言"的层面上，人绝对自由的，它没有年龄、性别、高低、贵贱之分。

说话的技巧，无论是对蓝领阶层，还是白领阶层和身价百万的明星、艺术家、富有者都是一样。

语言的迷人之处在于她是一种交流的工具，还在于她本身就具有快感，所以人们对绝妙口语的迷信和崇拜是不言而喻的。把握住语言这个财富，运用她驾驭你的谈吐，将会给你带来快乐和机会。

相反，谈吐上的缺陷可能会导致你失业或者砸了你一笔生意，有时甚至能把一个国际会议搅得不欢而散。至于因为语言摩擦搞得夫妻离异的事情就更是屡见不鲜了。

人们常常根据你的谈吐来决定是否聘任你为他们工作，是否拥戴你做他们的领导，或推举你为他们的代表。它甚至能影响人们是否下决心购买你推销的商品，是否愿意邀请你到家中做客，并进一步和你交往。

即使你的思想像星星一样闪闪发光，即使你替公司经营所出的主意十分精明，即使你的头脑里充满了有关艺术、体育、飞机、地质、音乐和电脑等方面渊博的知识，但这一切都无法使你免遭语言障碍的困扰。除非你能引起人们的注意，文雅亲切地与人交谈、沟通，否则没有人会愿意听你说完你的见解。

语言出现障碍或表达能力欠缺，至少会使人低估你，甚至会导致关于你的流言蜚语无情地传播开来，进而会歪曲你的形象。

语言障碍各种各样：有的就像令人不满的外貌，需要以整形外科的手术矫正；有的只需要像改旧衣服一样略加修整；有的则像一个松弛的腹部，要把它收紧；还有些就像修理汽车一样，需要调换零件；或者像弹簧，要上一点油来润滑；另一些人的毛病则很像小男孩的脏面孔，需要用热水肥皂使劲擦洗一下才行。

对于渴望在商业上获得成功的人，非常重要的是谈话时的自信、准确和有说服力。商业界人士首先要推销的，就是他自己。从申请第一项工作的晤谈，到作为成功者发表演讲，在这漫长的征途中，他必须不断地说服别人。如果你打算经商，那么你的谈吐形象，包括容貌、声音，有时是决定你这一生成功与否的关键。

近几十年来，情况又有了新的发展。一个企业家的言行不仅会被人听到，也会被人看到。过去他与外地同行洽谈生意时，可能是利用电话；现在却很可能是使用闭路电视系统。甚至连办公室的会议也常常是利用电视，因为这样一来谁也不需要离开自己的岗位。

可见，运用语言准确地表现自我，也许将成为你事业成功的关键。

准确地运用语言表现自我，就是我们常说的口才。有才干并有口才的人，他成功的希望将会更大。因为他的才干可以从言语谈吐之间充分地表露出来，使对方能更进一步地了解他，并且信任他，才敢给他以重任。

有口才的人，他的人生将会更丰富多彩，因为他可以凭借自己驾驭谈吐的能力，给自己创造一个融洽的环境，一片任其驰骋的天空。

有效地准备

说话的方法可以决定人们彼此间的评价，以及洽谈事情的成功与否。因此我们可以说，不论你所从事的工作是何种性质，与人说话的方法是促成事业成功的关键之一。

说话的内容固然相当重要，但是别人的评价好坏与否，我们给人的印象如何？以及人们彼此之间的接触和联系，全靠说话的方法而定。

我们都知道，同样的一件事情常有种种不同的表现方式，诸如它所影射的含义，它的微妙差异，以及说话时我们应付出多少热诚等等，这些都是值得我们注意的。因此，在说话之前，我们应该先仔细考虑说话时应具备的态度以及如何连贯自己的思想等问题，这并不是一件浪费时间而毫无意义的事情。

说话的方法同时也可以决定我们是否能把该强调的重点明确地表达出来。有时候我们轻松自如地说话，也能把重点强调出来；或者心平气和地说话，也一样能留给对方深刻的印象；有时甚至我们的态度近似保守和畏缩，却能充分地表达我们的意愿。这种种意料不到的结果，乃是因为我们说话时的心情毫无保留地表露在交谈之中的缘故。如果我们能够始终保持愉快的心情来与任何人交往，定能深受人们的好评。反之，如果是说话时喜欢装模作样、骄纵蛮横，别人一定认为你是自命不凡、优越感太强；如果说话时话中带刺，具有强烈的攻击性，那么你一定会遭到别人的极端厌恶。

总之，一个善于与人和睦相处的人，工作成绩也一定是优异的。看一看那些有所成就的人，几乎每一个都具有能与任何人融洽相处的优点。也就是说，他们不论和谁说话，都能使对方专心致志地聆听，以致完全被他的人品和思想所吸引。说话要有脉络和清晰的条理，这是不容忽视的重要问题。这样，不但工作能力从中表现出来，其他有关自己的诸如受教育程度、知识水准、业余爱好以及对当前问题的分析能力等等，也能从中一一显露。

懂得说话的方法，我们就能判断自己的想法是否合情合理，同时也能让别人对我们有一个深刻的印象。如此日积月累，自然能在人群中树立起自己良好的声誉，这和我们事业的成败有着密不可分的关系。

花些时间去锻炼我们的"讲话辞藻"，思考如何充实我们的词句，如何增加词句的意思，如何使讲话准确清晰。坚持做下去，你会发现离你的目标越来越近。

有效地表达

语言作为交流的工具，最讲究的就是有效地表达，无论你出于怎样的目的，都不希望没有效果，甚至适得其反。说话的目的有四——不论说话者是否意识到，说话一定具有以下四个目的中的一个：引起听者行动的短语，提知识或讯息；引起共鸣，感动与了解，让听众感到快乐。

成功的交际，以及成功的演讲，要想取得感人的效果，大致来讲，应该是能认清自己的目的，以及知道如何达到目的的方法。我们认为有效的说话的方法应该是：

（1）找对了目标。

（2）使听众对你的话题感兴趣。

（3）自己首先要激起对话题的热情火焰。

（4）内容和自我感觉一致。

（5）有由信念支持的诚恳的表现。

（6）生动亲切、传达内心的感触。

（7）不压抑真正的情感。

（8）感情的生发作用。

（9）热情的表现。

（10）将听众关心的事物编入话题。

（11）地方性的特殊话题。

（12）意识到人们所关心的事都与自身相关。

（13）做正确诚恳的评价。

（14）确知你与听众的共同点。

（15）与听众建立清楚分明的关系。

（16）在演讲时要使用听众的名字。

（17）用"我们"来称呼。

（18）让听众产生温暖感。

（19）听众扮演一定的角色。

（20）不轻易用质问。

（21）采取低姿态。

（22）不要自以为清高。

（23）利用人性的弱点。

对听众夸示你的优越感，必然会遭到反感，而被冷眼相待。在别人面前发表言论，你就仿佛陈列在橱窗中的商品一样。你的各种人格层面，都将一览无遗地呈现在别人面前。若在演讲时，带了一点点的骄傲之心，都会带来不可收拾的后果。

由于我们本身不可能是一个人格完美的人，所以，你表示自己将尽力而为的话，会令听众产生好感及尊敬。除非你有表演的天才，能引起听众发噱。

恰当的态度

　　说话时的态度，可以直接影响别人对你的看法。例如，你是一个冷漠无情的人，还是一个乐观快活的人；你是一个自暴自弃的人，还是一个诚实向上的人；你是一个漫不经心的人，还是一个小心谨慎的人等等，都能从你的言谈举止中表现出来。

　　骄横的说话态度容易激起别人的反感；低声下气又会被人讥为懦弱，没有骨气。因此，说话时应站在与对方同等的地位，以民主的方式相互交换思想和意见，才是一种适中的说话技巧。

　　但是话又说回来，一个擅长说话的人，是不被形式所拘束的。他既不采取说教的方式，也不以炫耀自己的方式来交谈。他能做到的是每一个和他说过话的人，都会认为他是最理想的交谈对象。他的态度始终是那么坦然开朗，一方面能接受别人的忠告，另一方面也能给予别人以启发。这种人不论在任何场合都能获得别人友好的对待，而且还给予他很高的评价。

　　当然，如果这种人还具有高度的工作能力的话，那么他的成功是毋庸置疑的，并且是指日可待的。

　　查尔斯公司的一位总经理说过："所以要讲究说话的技巧，是因为许多人常常不加思考就信口开河，因而导致种种的不良后果。"他还说："为了达到目的，说话时必须力求简单明了而且有说服力。但最重要的是，该说则说，不该说则不说，面且不了解的事也不该说。甚至突然想起的话题，也应该尽量避免向朋友提及。"

巧妙地攀谈

说话时，如果你能使对方谈到他感到有兴趣的事情，就表示已经很巧妙地吸引了对方。此时，你再以问询的方式诱导对方谈论有关他个人的生活习惯、经验、愿望和兴趣等方面的问题。对方如果对你的问题有兴趣，自然愿意叙述自己的一切，对方会因为你表示出的关怀备至而开怀畅谈，甚至因此而对你表示出崇敬之意。

美国纽约市凤凰人寿保险公司的代理商哈利·N·赫歇尔先生曾说过：在他的日常生活中，他觉得最感兴趣，也是最有意义的一件事就是跟别人交谈。为此，他细述道："常常有人来向我请教，问我如何与在吃午餐时所碰到的人，或者在旅馆门口以及旅行车上遇到的人说话。我对他们说，在双方互通一些例行的客套话之后，我们可以客气地问对方：'非常冒昧，可以问你从事哪一种职业吗？'如果对方乐意回答，便可以进一步地问他：'可以告诉我，究竟是什么原因促使你从事那种职业吗？'关于这个问题，十有八九的人都回答：'唉！说来话长……'这么一来，我们不就很自然地成了他的听众了吗？

而对方因为有人听他讲话，自然会侃侃而谈了。"

建立自己的风格

有许多人往往喜欢模仿那些成功者的言行，以吸取别人的经验，来弥补自己的不足。但是把别人的言行和经验全部模仿过来，恐怕是无法行得通的，也有可能你由此而坏了自己的名声。

因此，我们每一个人都应该树立自信心，否则就无法塑造自身的形象，或是建立属于自己的良好名声。

美国纽约铁路快速代理公司的副总经理金赛·N·莫里特先生，曾提到一位在礼仪、温厚、诚实等各方面都比别人更有修养的人。莫里特先生曾对这个人说过这样的话："二十多年来，我接触过并且和他们谈过话的人何止数千！但是，每一次我都以自己的本来面目和他们说话，我绝不模仿任何人。因此，我才能获得成功，而且当时我说的话也最具有说服力。"

绝大多数成功的人，他们都是本着自己朴实的本性生活，在人生舞台上，所表演的完全是他们自己的举止，绝不刻意去模仿他人或假扮成别人。他们始终埋头工作，虚怀若谷。他们非但不炫耀自己，也绝不摆出一副大人物的架子来，反而像普通人一样诚实上进、虚心好学。最重要的一点是，他们从不自以为是这个世界上的一个天才，他们只需要一个最适合自己工作的场所，然后努力工作使自己成为令人尊敬的人。

你知道有所成就的人，他们所恪守的法则是什么吗？现将这些法则简述如下：

（1）态度自然。绝不玩弄过分勉强的技巧。

（2）言而有信。没有根据的话绝对不说。能够建立这方面的名声，就能取得大家的信赖。

（3）说话简明扼要。只说自己想说的话，绝不添油加醋、故弄玄虚。

（4）处事公平。即使对方的意见和自己不一致，也应宽大为怀。

（5）运用机智。没有一件事不能以合乎礼仪的态度说出来，当然更没有不以无礼的态度就不能说出来的事。因此，必须因时因地选择适当的语言。这样一来，尊敬你的人定会与日俱增。

话多不如话好

一个有学问而没有口才的人，和人交流时也会难于应付，这样会在无形中损失了不少的收获。往往有许多人，在繁忙的人际接触中，觉得别人说的话对自己似乎是一种威胁。实际上，他是愧感自己的口才不如别人而已。

少数人的口才可以说是天赋，但多数人的口才却是由于勤于训练。一个当众不敢说话的人，最大的原因是出于惧怕心里的缘故。我们要使自己成为一个活跃的人，使自己能获得成功，关键在于训练自己的口才。自己理由充分，而别人尽讲歪理，但因为自己的口才拙劣，反而被别人辩得无地自容，这样的事例是很多的。历史上诸葛亮"舌战群儒"和"骂死周郎"是两件著名的口才争辩所获得的辉煌成果。我们虽然并不想去做辩士和说客，但我们必须明白，一个人的一生，离不开言语和动作。

我们不能终身不说话，一切人情世故，大多是在说话当中。我们话说得好，小则可以欢乐，大则可以兴国；我们话说得不好，小则可以招怨，大则可以坏事。所以古人说"一言可以兴邦，一言可以丧邦"，这话真是切中利害。所以，我们说话。一定要谨慎。俗话说："祸从口出"，你如果说话不当心，招人之怨，那是很难免的。"金人三缄其口"，意思就是告诉大家说话要谨慎。可是，我们缄口不言，事实上是做不到的。那我们说话的时候，唯有留心谨慎而已。

话说得越多，出毛病的机会也就越多。大智若愚，有学问的人不大乱说话，只有胸无点墨的人才喜欢大吹大擂。"宁可把嘴巴闭起来，使人怀疑你的浅薄，也不要一开口就让人证实你的浅薄。"这是一句值得大家牢记的名言。所以在研究说话艺术的时候，要先学"少说话"。这里的"少说话"是既要说话，又要说得又少又好，这才是口才的艺术。

要记住这样一个原则，在任何场合，我们要做到尽量少说话，缄默是值得提倡的。如果非说不可，那么你要注意所说的内容、意义、措辞和声调以及说话时的姿势。在什么场合应该说什么话，怎么说，这值得加以研究。

无论是探讨学问、接洽生意、交际应酬或娱乐消遣时，种种从我们口里说出的话，一定要有一个中心，要生动和具体。

"不鸣则已，一鸣惊人"，我们虽然未必能达到这个境界，但朝着这个目标去努力是不会错的。

为了使你的话为人们所重视、所感兴趣，唯一的秘诀就是少说话。只有这样，才能有时间静静地思考，使说出来的话更精彩。

先当听众

研究谈话术的诀窍，首先要学会做一个有耐心的听众。因为能聆听别人意见的人，必是一个富于思想、有缜密的见地和具有谦虚性格的人。这种人在人群中，起初也许不大受人注意，但最后则必是最受人敬重的。因为他虚心，所以为别人所欢迎；因为他善于思考，所以为众人所敬仰。

怎样去做一个良好的听众呢？首先是要"专诚"。别人和你谈话的时候，你的眼睛要注视着他，无论他的地位和身份比你高或是低，你都必须这样做。只有虚浮、缺乏勇气或态度傲慢的人才不去正视别人。

其次，别人和你说话时，不可做一些与此无关的事情，这是不恭敬的表现。而且当他偶然问你一些问题时，你就会因为一不留心听他所说的话而无从回答了。

聆听别人的话时，偶尔插上一两句赞同的话是很好的，不完全明白时加上一个问号也是非常重要的，因为这正表示你对他的话留心。但是，你不可以把发言机会抢过来，就滔滔不绝地说自己的，除非对方的话已告一段落，应该让你说话时才可以这样做。

无论他人说什么，你不可随便纠正他的错误，如果因此而引起对方的反感，那你就不可能成为一个良好的听众了。批评或提出不同意见，也要讲究时机和态度，否则，好事会变成坏事。

词必达意

在日常生活中，免不了会遇到需要我们说几句话的场合，这时候，如果话说得适当，就能使事情获得圆满的结果。

擅长说话的人，总可以流利地表达出自己的意愿，也能够把道理说得比较透彻、动听，使别人很乐意地接受。有时候还可以从谈话中立即判断出对方的意图，或从对方的谈话中得到启示。而且还能够通过谈话，增加彼此之间的了解，和对方建立良好的关系。

我们常常看到一些不擅长说话的人，所遭遇的情形恰恰相反。他们说话，不能完整地表达出自己的意图，往往使对方费神去听，而又不能使别人明白他所说的话的意思，这就使交际出现了困难。

遇到有事情和别人洽谈，或有事情需要别人合作的时候，说话流利的人，总可以很愉快地把许多事情谈判成功；而不会说话的人结果却往往是不欢而散。

首先，要求正确的发音。对于每一个字，都必须发音准确、清楚。准确、清楚的发音，可以依靠平时的练习、注意别人的谈话、朗读书报、多听广播来达到。

其次，说话的时候，要使每一句话都明白易懂，避免用一些生涩的词汇。别以为用了这些词汇，就显得自己有学问。其实，这样说话不但叫人听不懂，反而会弄巧成拙，引起别人对你的错觉和疑虑，或认为你故弄玄虚。

融洽的谈话，应该以大方、熟练和生动的语言来表达你的意思，使你说的话多彩多姿、扣人心弦。说话的速度不宜太快，也不宜太慢。说话太快会使对方来不及反应，而且自己也容易疲倦。有些人以为话说得快一些可以节省时间，其实说话的目的是使对方领悟你的意思。此外，不管是讲话的人，或者是听话的人，都必须用脑子思考，否则就不能确切地把握说话的内容。当然，说话太慢也是不可取的，既浪费时间，也使人听得不耐烦。

"信口开河""放连珠炮"都是不好的说话方式。"信口开河"并非表示你很会说话，相反，却证明你说话缺乏诚意，不真实不负责任。至于说话像"放连珠炮"，那只会使人厌烦，因为在公共场合说话，你要顾及周围的安宁，声音不要太大。假如你是对众人演说，要注意自己说话的声音是否每一个人都能听得到。形容一件事或者一个人，都必须恰到好处。别以为夸大其词可以收到预期的效果；事实上，言过其实，必定会受人轻视。

再者，说话是将文字、句子组合起来变成声音。"话"的实体还是字眼本身。运用字眼有以下几个原则：

1. 说话要越简洁越好

有些人叙述一件事情，为了卖弄才华，极力修饰语句，用重复的形容词，或用西方语言特有的修饰手法，或穿插一些歇后语、俏皮话，甚至引用经典、名人语录。如果你没有专心注意听他说话，还真摸不着他在说些什么。

费了很大的力气，却使人不知道你在说什么。即使你用了许多华丽的字眼，也不一定能达到应有的效果，反而使人觉得你不诚实。

有些人在说话时，东拉西扯，缺少组织和系统，亦使人有不知所云的感觉。

如果你有上述的缺点，只要在说话时记住说得简明扼要就行了。在话未出口时，先在脑子里构思一个轮廓，然后再按秩序一一说出。

2. 文句不要重复使用

说一句"为什么"就够了，而有些人却要说"为什么？为什么？"答应别人一件事，说一两个"好"就足够了，但有些人却说"好好好好……"，或者说"再见再见再见"。

其实这些重复的词汇，在加强语气时才用，一般都不必重复使用。

3. 同样的名词不可用得太多

某人在解释月球上不可能有生命这一问题时，在几分钟内，把"从科学的观点上说"这句话用了二三十次。无论什么显示才华或新颖的词，用多了就会失去它应有的价值。

第一次用花来比喻女人的人是最聪明的，但第二次再用它的人就愚蠢了。我们当然不必拘泥上面所说的，每说一事都要创造一个新名词，但把一句话在同一时期中反复来用，就会使人厌倦。

此外，相同的词不可在同时来形容两件不同的事情。有一次一位幼儿园老师说故事。说到某公主，她说："这公主是很美丽的。"说到太阳，她也说："这太阳是很美丽的。"此外说到水池、小羊、草地、高山，也都用"很美丽的"来形容。结果小朋友们问她："老师，到底哪一个是最美丽的？"她为什么不用"可爱的""柔嫩的""明亮的"等词句来调和一下呢？这不是可以增加听者的兴趣吗？

4. 要避免口头禅的习惯

当某一句话成为你的口头禅时，你就很容易被它束缚住，以致无论你想说什么，也不管是否适用，都会脱口而出的。这毛病是容易被人讥笑的。你或许爱说"岂有此理"，也许爱说"绝对的"，也许爱说"没问题"，这些和你说的话毫不适合的口头禅，还是尽量避免吧！

5. 不说粗俗的字眼

古谚道："字为文章的衣冠"；现在我们说："言语为个人学问和品德的衣冠"，相信这没有什么不妥吧。

有些人道貌岸然，雍容华贵，但是不开口还好，一开口则满口粗俗话，甚至一些不雅的下流话也出了口，使人听了作呕，方才敬慕之心，也会顿然消失。可惜的是，有些人并非学识品格不高，不过是疏忽大意，不知改正而已。

你可以用幽默有趣的话来表现你的聪明、活泼和风趣，但不可以用低俗的话来表现。一句不中听的话，会使别人觉得你鄙劣、轻佻和无知。

粗俗的字句不可用，同样太深奥的学术用语也不可多用，除非你是一个学者讨论学术问题。满口新名词，即使用得当，也是不太好的。

随便滥用学术用语，听不懂的人不知你在说些什么，而且会以为你有意在他面前夸耀你的才华；听得懂的人则觉得近乎浅薄。

在不知对方的文化程度时，用什么字眼也要小心。有些人不管对方懂不懂，就随便在话中夹入外国语和外来语，这也是要多加注意的。

把握时机

适当的说话时机有一个不可缺少的要素——即在适当时间里，利用有限的几个语句，充分地表达自己完整意愿的能力。

许多人有一个共同的毛病，即在不必要的场合中，把自己所拥有的一切话题，在一次机会中全部谈完，等到需要他再开口的时候，他已无话可说了。这种现象，不论是在普通会话或正式演说场合中，都是应该引起我们重视的。

一个具有高明说话技巧的人，应该能够很快地发现听众所感兴趣的话题，同时能够说得适时适地，恰到好处。也就是说他能把听众想要听的事情，在他们想要听的时间之内，以适当的方式说出来，这才是一种无与伦比的才能。这种具备优越时机感的人，甚至在遭到突变、受到阻碍时，也能转危为安，转祸为福。

在经营过程中说话时机的适当与否，多少总有些倾向能显示出来。比如当你要去拜见某一位要员时，最好是确定在对方乐于接见你的时候去。有时候推销员常以充分的理由认为他在一定的季节或星期几去访问顾客必能获得成功，他们确信那是向对方提出话题的最好时机。也就是说，我们要寻找适当的时机向上司提出诸如设备不够，或劝其购买新的设备等问题，如果上司对办公室目前的桌椅安排都已心满意足，当然不可再向他提出新的建议。换言之，即使你有新的设想，也必须稍作等待，使上司冷静一段时间再说。这种做法并不是劝你"不要说出来"，而是劝你在不适当的时机"什么都不要说"。

如果有一个人家在办丧事，处于无限悲痛之中，你就不能以要求的口吻叫他去做这个，或是做那个。如果某个工厂的老板因为使用新技术，但却没有获得成功，正在无限懊恼的时候，最好不要再毫无保留地去评论这个新技术，必须等对方后悔之情淡漠以后再去说明其中原因。如果公司在竞争中处于下风，而你还反复不停地议论参加这次竞争的不明智，那真是愚蠢至极的行为。良好的说话时机，只需要摒除这一切不利的因素。

著名的财政顾问罗生·W·伯布逊先生曾说过："把握适当时机说话的问题相当重要。首先我们必须看清楚有希望的顾客，是否真的具有认购的意愿。如果忽略了对方的问题，而大谈自己的问题，那么说有你根本没有把握住重点。譬如我个人过去每次推销产品时，都一再强调，这种产品对对方是如何有助于他解决目前的问题，所以一向恪守的原则就是不要谈论自己的意见。"

如果你是一名推销员，当你以顾客为对象进行工作时，必定能够从中体会到如何把握良好时机的秘诀，也必定能够了解如何引起对方的兴趣，如何使对方认清自己所提出的有利地方和特点。同时你也知道，如果要使这笔生意在一次言谈之下能签订合同，你该在什么时机说什么话；如果你是从事广告业务的，那么你一定要知道什么时机适合做何种商品或服务性的广告；如果你是一位从事制造方面的工作人员，当你训练新员工时，也必须了解何时适合于进行这种职前教育。

参加聚会或各种集会必须发言时，需要特别注意时间问题。从开始说话到结束话题，不论任何段落，说话的时间都是相当重要的。即使平常我们写一封信，把它当作广告或直接投递的推销信，也必须注意发函时间，因为对方收到资料的时间对我们的目的来说有着重要的关系。不要忘记，时间是一切行动的指针，这和掌握良好时机是工作中必须考虑的要素一样重要。

举一个例子来说吧，在足球比赛中，当球员逼近对方大门时，也必须把握时机起脚射门。如果稍一犹豫，对方后卫就可能上来抢断，那么绝好的机会就消失了。

再拿拳击比赛来说吧，只是一味地胡乱挥拳，又怎么能击中对方呢？有些选手宁可离开对方一定距离，再来一记勾拳，就可能使对方招架不住而倒地。这些都是运用良好时机的典型例子。

大多数人都不懂得全力以赴地把握时机，以致造成终生追悔莫及的遗憾。说起来，掌握时机似乎是一种天赋的特别直觉，但它和经验一样，是磨炼出来的。不论是在运动场上、商场里以及其他事业上，适当地把握时机都是迈向成功之途不可缺少的要素。

让声音有表情

　　能把握时机说话，还要让你的声音富有表情。你不妨注意听听广播剧、看看电视剧或舞台剧中的演员们，他们那种充满激昂顿挫的声调和表情丰富的说话语感，甚至那些口才奇佳的政治家们，一个个无不是能把声调、音量等各方面控制自如的人。由于他们高超的说话技巧，使我们很容易就分辨出事情的是非曲直；反之，如果始终用相同的声调、速度，那么这种演说是多么平凡而乏味啊！

　　不知你是否听过经验丰富的公司主管或政治家的演说？若听过，你是否分析过他们何以能讲得那么生动有趣？他们究竟使用了什么特殊的技巧？

　　其实良好的声音表情就是说话人的发音、强调方法、语气顿挫和语调的变化。能事先仔细了解话题的意思和含义，然后才能以恰当的声调将其表达出来，两相配合、相辅相成。有些时候我们的说话要慢，例如诉说慎重的提案、令人痛心的事件、难读的诗和宗教问题等等；相反，容易使人明白的朗读、有速度感的说明、中途顺便插入的例子以及警句等，为了使其节拍能配合内容，必须有较快的速度。人的声音天生就赋予各种变化，语气、速度和音量的不同，立即就能反映出内心的情感和态度。

所以，当我们听到一段动情的演说时，我们就可以认定那位演说者掌握了良好的说话时机和技巧。也就是说，他知道该在什么地方缓缓说话，什么地方做有效的中断；也知道该在什么地方加快速度，把听众带入高潮。具备这些条件的人，就是一位高明的演说家。那些口才优异的推销员，也一样要具备这些条件才能大大地提高成功率，并得到上司的赏识和器重。

艾尔顿和汤姆逊两人合著的《演说根本》一书中有这么一段话，是告诉人们怎样把握说话时机的很好例子。

"演说最漂亮的进行速度，完全在于发音是否清晰明了。有时候采取歌唱似的语调，则会降低速度；但能够加快速度，同时又能使听众明白的人，可能只限于发音特别清楚的少数人。

不过，凡是能保持高速度的人，其主要原则还是在于多求变化。变化多，自然能够吸引听众。该强调的时候就强调，决不装模作样。因为演说的主要目的，就是自始至终把你的意思传达给听众。如果想要说的事既简单又明了。那当然可以很快地交代过去；但如果须仔细说明的事，却快马加鞭、迫不及待地一口气说完，那么只能留给听众一般性的印象而已。此时如果侃侃而谈，听众听来自会觉得你所说的每一个问题都是重要的。而如果是内容欢快、充满幸福或者令人毛骨悚然的冒险故事，讲到高潮之处或者情感将要迸流而出之时，就必须加快说话的速度才能达到预期效果。当然，主题严肃、感情压抑或者充满悬念气氛的部分，还是应该慢慢地叙述。"

选择沉默

如果能利用沉默来表明你的态度，在某些时候是很有效的。当我们要说明某一事情时，并非一定要用语言来表示，有时利用一瞬间的耸耸肩膀、使个眼神和弄响手指等，也能够适当而准确地表示出来。

哈巴特·V·布鲁克那先生在其所著的《如何培养说话技巧》一书中说道："一个卓越的演说家，不只是发音动听，同时还要用他的整个身体、精神和人品来说话。当你把自己甚感兴趣的思想传达给别人，使别人对它产生印象，进而接受这种思想，当然语言的表达可以达到某种程度的效果。但是如果单靠声音来传达可能对方还是有模糊不清的时候，这时可以借助无言的沉默来增加形象的表达力。所谓无言的表现，是以含有表现力的表情、姿势和动作来传达意思。真正擅长言辞的人，经常都会借助这些表现手法的。"

适时地结束

说话时最糟糕的情形是，很多人往往沉溺于自己的谈话中，而不知如何结束话题或做一个结论。他们讲起来，就像打开了水龙头，让水一直流个不停。即使是个傻子，也能开口说话；但是，只有聪明的人，才能完美地结束话题。

有许多人信口开河，讲得精疲力竭，仍然继续说个不停。你对这人是否曾有过这样的感觉："糟糕！那个喜欢唠叨的人又来了。他只热衷于自己的话题，每次一开口就不知道适可而止，真是讨厌！"

这一类喜欢长篇大论的人，不但不受人欢迎，而且惹人厌烦。如果我们一次只谈一个话题，并以此问题征求对方的意见，而且进一步请求对方阐明对这一问题的看法，这样一定能赢得对方的欢心，而你自己也达到了说话的目的。这种说话的态度，不但给予对方发表意见的机会，同时也使自己能专心倾听对方所说的每一句话。要知道，一个善于听话，而且能让对方有说话机会的人，必定能受到众人的爱戴与欢迎。

注意日常琐事

如果你常常觉得与人谈话很吃力，最重要的原因恐怕就是你对应该讲什么话这个问题有很深的误解。

一个最普遍的误解是：以为只有那些最不平凡的事件才是值得谈的。

当你见到熟人的时候，你在脑子里苦苦地搜索，想找一些怪诞的奇闻、惊心动魄的事件或是令人神经错乱的经验，以及令人兴奋刺激的事情。

自然，这一类事情是令人最感兴趣的。能够在谈话的时候，讲出动听的事情，无论对听的人还是对讲的人，都是一种乐趣。毕竟，这一类的事情在我们的生活中不多，有些轰动社会的新闻用不着你来说别人就已经听过了。即使是你亲身经历的特殊事情，你也不能把它到处一讲再讲。此外，在某一个场合很受欢迎的故事，在另一场合，另一些人面前就不一定受欢迎。因此，你若认为只有那些最不平凡的事情才值得谈，那你就会经常觉得无话可谈了。

其实，人们除了爱听一些奇闻轶事以外，也很愿意和朋友们谈一些有关日常生活的普通话题。比如，小孩子长大了，要进哪一所学校比较好啦；花木被虫子咬了应该买哪一种治虫药啦；这个周末有什么好电影看啦等等，这些都是良好的谈话题材，也都能使谈话双方感到有兴趣。

当你的脑子里并没有奇闻轶事的时候，你也不必保持缄默。日常生活中充满了可以谈话的题材。只要你能留心一切日常生活中的事情，你就不难找到使大家都感兴趣的谈话题材。

有些人以为必须谈一些深奥的很有学问的题材，才能受人尊敬。有这种误解的人，常常想和别人谈一些很抽象的哲学理论，或是什么相对时空问题。但这样的问题，即使你准备很充分，也很难找到与你有同样兴趣的谈话对象。因此在大多数场合，你就会觉得无话可说了。

事实上，几乎任何题材都可以当作良好的谈话资料。

你可以谈足球、篮球和其他运动。

你可以谈食物、谈饮料、谈天气。

你可以谈生命、谈爱情、谈光荣。

你可以谈同情心、谈责任感、谈真理。

你可以讨论书籍、电影、广播节目、国际新闻或本地的新闻。

你可以交换一下关于某个事故，或是某个人物的意见。

你可以复述一下，在某个杂志上看到的一篇文章的要点。

诸如此类，都是很好的谈话题材。实际上，现实生活中，谈话的题材比上面所列举的多千百倍。

看人说话

有一位学者说过这样的话："如果你能和任何一个人连续谈上10分钟而使对方产生兴趣，你就是一流的交际人才。"

这句话看来简单，其实也并不容易做到。因为"任何人"这个范围是很广的，也许是个工程师，也许是个律师，或是教师、艺术家等等。总之，无论三教九流，各个阶层的人物，你能和他谈十分钟使他感到有兴趣，真不是一件容易的事。

不论困难或容易，我们总是要渡过这个难关。常常看到许多人因为对于对方的事一无所知而相对默然，这是很痛苦的。

其实如果你肯下功夫，这种痛苦的事情就会减少，甚至有成为一流的交际人才的可能。

"工欲善其事，必先利其器"，这虽是一句老话，但至今仍然适用。所以，首先必须充实自己，做到"利其器"。

一个胸无点墨的人当然不能希望他应对如流。学问是一个利器，有了这个宝贝，一切皆可迎刃而解了。你虽然不可能对各种专门学问都有精湛的研究，但是对一些常识却是有必要具备的。有了一般常识性学问，如果能巧妙地运用起来，那么应付任何人10分钟有趣的谈话，想必是不困难的。

随着社会进步，这是你充实自己的有效方法。每月所出的各种著名杂志，都是应该阅读的，这是最低限度的准备工作。如果你想在谈话中出人头地的话，国际和国内的动向，一般的经济发展趋势，科学上的新发明和新发现，世界所关注的事件和新闻人物以及艺术名作、电影戏剧等内容，皆可在每日的报纸和每月的杂志中看到。

你不能对每一种人都谈论同样一件事。一个科学工作者，不会对做生意感兴趣。同样，一个生意人，对他谈哲学的大道理，他也不一定有兴趣。

这里有一个小笑话：某君以口才伶俐而见长。有人向他求教有什么诀窍，他说："很简单，看他是什么人，就跟他说什么话。例如同屠夫就谈猪肉，对厨师就谈菜肴。"那位求教的人又问："如果屠夫和厨师都在座，你谈些什么呢？"他说："我就谈红烧肉。"

由上面的故事中可以看出，要应付社会上形形色色的人，就要具备多方面的知识。如果你能做到这一点，那么应付各种人物自然就得心应手了。虽然不一定要样样精通，但运用全在你自己。你不懂法律吗？但遇到了律师你不妨和他谈最近发生的某件案子或你提供给他案情（这全是从报纸上看到的），其余的问题就让他去说好了。

日本东京有一家美容院，生意兴隆为当地之冠。有人便问他们生意兴隆的原因，店主人坦率地承认，完全是由于他的美容师在工作时善于和顾客攀谈之故。但怎样使工作人员善于说话呢？

"简单得很，"店主人说，"我每月把各种报纸杂志买回来，规定各职员在每天早上工作前一定要阅读，就当日常功课一样，那样他们自然会获得最新鲜的谈话材料，攀谈时就会博得顾客的欢心。"

这不过是千百个例子中的一个。知识是任何事业的根本，你要使谈吐能适应任何人的兴趣，更要多读一些书刊杂志，使天地间的知识储存在你脑海中，一旦到应用的时候，就可以有选择地打开话匣，与人对答如流了。

积累素材

为了提高练习口才的兴趣，现在顺便举几个常常使用的话吧。

"无论何时都不要拒绝工作中的细小事情，因为伟大的事情是由细小的事情构成的。"

"爱一个人，最要紧的是爱他的将来。"

"个人一定要顾及团体，因为保护他的是整个团体。"

"无论对哪一个人，如果他给我缚手束脚的爱和友情，那我两样都不要。"

"不灭的只有事业，生命是在运动中发育起来的。"

"对于学习，永远没有太老的时候；对于改过，永远没有太迟的时候。"

"聪明人从傻瓜那里学到的东西，比傻瓜从聪明人那里学到的东西多得多。"

之所以说"使用"这些话，而不说"引用"这些话，是因为这些话毕竟是从书本上抄来的，多多少少带有一点书生气。当你说这些话的时候，只是根据它的思想内容，自己再加以发挥，把它说得更明白一些，更顺口一些。再举一个怎样利用的例子吧！

十几年来，人们曾经遇见过许多这样的事情：朋友们恋爱了，男朋友们总是希望他的恋人把学业停止，或是把工作辞掉，立刻跟他结婚。

有的女孩子大学读了三年，只差一年就毕业了，可是她不能等。有的女孩子有了收入较高的职业，而且在她工作的公司里面担负很重要的工作，可是男方并不看重女方的这种社会地位和她的工作机会，而总希望自己的爱人整天待在家里，无所事事地做他的妻子。

在这种场合，假如有机会的话，人们总是劝男方改变他的做法。人们会对他说："你真爱她吗？那么为什么不为她的前途想一想呢？"人们还会说："如果你爱她，那你为什么要牺牲她辛辛苦苦经过多少努力得来的学业或是社会地位呢？"

人们也警告那些初次陷入情网的女孩子们说："无论你的

男朋友说他怎么爱你，都是假的，除非他的一言一行都是为你的前途着想。仅仅是为你着想，这是不够的，一定要为你的前途着想这才是真正的爱。"

这些话，有时候会产生很大的效果，有些纯洁善良的朋友听了之后，的确能够多多少少改变了他们或她们的想法，把目光看得远一点，不被一时的欲望、冲动，或是目前的利益所迷惑，所限制。

要知道，上面说了这么多话，都是从"爱一个人，最要紧的是爱他的将来"这句话发挥出来的。

你把这句话体会得越深，你就能把它应用得越广，它就会以各种各样的形式出现在你的言语里。

第三章
说话技巧的训练

心理的训练

　　大凡不善于在众人面前讲话的人，在其诸多原因之中，最主要、最根本的原因是心理上的障碍，是由于缺乏临场的心理训练。下面介绍一套简单易行的训练方法。

　　第一步：站立不语练习（练心）。练习者可互为听众轮流上场，也可让自己的几位朋友、同学、同事、家人做自己的听众。练习者站在高于听众之处，目视听众而不开口。此时练习者心理要进入讲话的感受之中，进行心理体验。

　　这一步练习是练"心"不练"口"，每次站立5—10分钟，由于可以不开口讲话，会减轻练习者的心理负担。这步练习直到练习者不觉得十分紧张为止。

　　第二步：随便说话练习（练口）。练习者在人前站立心理上已适应之后，即可进入说话训练。这时的讲话从内容和形式上，不要给予任何规定和限制。练习者要随心所欲，讲自己最熟悉的话。这时的练习者虽然心理上初步适应，但开口讲话还缺乏适应性锻炼，此时大脑或紧张或混沌一片，所以这一步练习只要求练习者能开口讲话就可以了，至于内容则可非常随意。

这一步是在练"心"的基础上练"口"，讲话时间以3~5分钟为宜。练习者和听众可现场交流对话，轮流演练，直到练习者要在人前自如流利地讲话为止。

第三步：命题演讲练习（表达练习）。在前两步训练的基础上，练习者即可进入命题演讲练习。练习者和听众之间要反复交流，推敲练习者的有声语言、态势语言的力度、速度、表情等。此步练习以练习者在"台"上让听众听不出练习者是在背讲稿，也不是在"演"为目的，而是要求练习者达到能够真实自如、从容不迫地讲自己的心里话。

第四步：即兴演讲练习（全面练习）。练习者的临场心理和讲话能力都有了一定的提高后，便可进行较高层次的即兴演讲练习。练习者以抽签来确定演讲的题目和内容，抽签后给予练习者10分钟打腹稿的时间。

此时练习者的思维处于高速运转状态，这对于提高练习者的快速谋篇、遣词、炼句是很必要的。由于此时练习者的心理处于"排练"的气氛中，所以对"失败"并不十分惧怕，也就有利于其发挥在正式讲话时难以全面发挥的内在潜力。

以上四步练习法侧重于实践。初学者如果再辅以一定的理论指导，心理训练的效果就更为显著。

思维的训练

口语表达是思维的外化，是思维的工具，思维是语言的内容，没有思维就没有语言。语言表达过程，实际上是把思维的结果表述出来的过程，说话过程就是从内部言语向外部言语转化的过程。

确定说什么是一种思维活动，在说什么与怎么说之间进行着快速的转换过程：思想——句子类型——词汇——语音。这个过程是完整的，任何一个环节出了差错，都会影响表达效果。因此，从思维到语言的转化过程十分重要，进行这方面的基础训练有利于说话的良好表达。

1. 定向思维训练

定向思维是指按常规恒定模式进行的思维。定向思维的训练可培养我们对问题作深入思考的能力，有助于养成深入分析问题，透过现象看本质的良好思维习惯。可拟定一些比较容易的叙述、说明、介绍方面的题目进行训练。为了使思维有条理，可在表达中插入一些常用的言语链。比如关联词："因为""所以""于是""之所以……是因为……""首先……其次……再次"。可以按时间先后和位置的移动进行表达；可以采取先总后分，先分后总等方式练习等。

2. 逆向思维训练

逆向思维就是反过来想一想，变肯定为否定，或变否定为肯定；变正面为反面，或变反面为正面。例如，世人一般把"这山望着那山高"喻为"贪心不足"而赋予贬义，如果你化贬为褒地想一下，将其含义用于人类勇于向新的科学高峰攀登的赞颂中。岂不又可以肯定它了？

你可用爱迪生的一项伟大发明；用爱因斯坦敢于取代牛顿经典物理学；用运动员一次次刷新纪录等事例说明人就是要有"这山望着那山高"的进取精神，批评那种"无为而顺其自然"的"知足常乐"的消极态度。

进行逆向思维能培养逆向思考问题的能力，独立发表见解的能力。

3. 发散思维训练

发散思维是使信息朝各种可能的方向扩散并引出更多的新的信息，从而达到创新的一种思维方式。发散思维是即兴说话走向成功的最佳的思维方式。这里介绍三种训练方法：连接法：承接上一位表达者的话，继续往下说的训练方法。戴尔·卡耐基在训练学员即兴演讲时就常用此法。卡耐基叫一位学员以绝妙的词语来开始叙说一个故事。比如，这位学员说："前几天我正驾着直升机，突然注意到一大群飞碟正朝我逼近，于是我开始下降，可最靠近的飞碟里却有个小人开始向我开火。我……"

说到这里，卡耐基要求他停下，然后要另一位学员接下去。

连点法：将头脑中闪现出的人、事、物和散点按照一定的顺序和结构连缀成篇。比如散点：①花儿；②气息；③跑。可如下连点起来。

"置身各位青年朋友之中，我似乎感觉到春天的气息扑面而来。大家都很年轻，都有花儿样的青春、花儿样的年龄、花儿样的生活，愿大家做航船，乘风破浪，挺进大海；愿大家做骏马，飞奔未来，跑向光辉灿烂的明天。"

联想法：联想法是由一事物想到另一事物的训练方法。其特点是闻一知十，触类旁通，使说话具有流畅性与变通性。可以运用如下题目进行训练。

（1）出示一根玻璃棒，要求训练者通过联想，迅速说出它像什么。

（2）出示一个红色的球，要求训练者通过联想，讲述我们的生活充满阳光。

（3）展示一幅画，画上画两只小鸡仔，要求训练者表述人生并非一帆风顺的。

语智的训练

口语表达与思维智能是紧密相连的。在生活中，有许多人很多时候与场合只能"知"其然而不能"表"其然。这是一种"口拙于外"的语言表达障碍。可通过语智训练求得言语的机智与表达的巧妙。

下面介绍几种语智训练方式：

1. 词语速接

词语速接方式有很多，最常见的是成语速接。首字接，由一人先说一句成语，这个成语的第一个字必须是下一个人说出的成语的首起字。如，当第一个人说出"一马当先"时，接下来便是"一步登天""一败涂地""一本正经""一唱一和""一刀两断""一分为二"等。

尾字接，后面的接话者必须从前一人话语的末尾字连下去，可以用同音字接。如"胸怀天下""下不为例""力不从心""心想事成""成竹在胸"等。

2. 句子连接

两三个人即可进行，主持人先说一句话，然后每人接上与之意思相承的话，要求简洁生动，表意准确。

比如，主持人说："今天天气很好"，接下去是"是春游的好时光""我们将打点行装，八点出发""我们坐上汽车，一路欢歌一路笑"，"我们来到了向往已久的中山公园"……

3. 属对训练

属对，即对对联，这是我国传统语言教育中的基础训练方法。口头形式的交际联，由甲出句，乙对句，合作完成。甲、乙可以是个人，也可以是集体。

一字对：如"虎"对"龙"，"山"对"海"；

二字对：如"如烟"对"似火"；

易字对：由甲出示一副现成的对联，有意改去上联中一字或数字，要求乙改动下联中相对应的一字或数字。

增字对：由甲出上联，由一字增为二字、三字、四字、多字，乙对时也一一增字对下联。如：

甲：黄鹤楼

乙：黑龙江

甲：朝游黄鹤楼

乙：夜渡黑龙江

甲：三朋四友朝游黄鹤楼

乙：千军万马夜渡黑龙江

要求对时，做到字数相等、词性相同、结构相应、句式相似、内容相关、平仄相对。

属对是对语音、词汇、语法、修辞和逻辑的综合训练，是一种要求针对性、适应性、敏捷性较为严格的言语的听辨、理解、构思和表达的训练，使练习者能"急中练智""智中生智"，将很好地培养富有适应性和敏捷择语反应能力。

思路的训练

思路是思维的线索和脉络，无论叙事还是说理，必先确立一条思路。思维线索的展开和思维脉络的延伸，反映了传播者对现实的观察、理解、认识逐步深入的过程。

思路正确，反映了客观事物运动的程序性和规律性，讲述才能层次清晰、组织严密。开口之前先要组织思路，也就是对讲述材料作顺序方式的构思。

思路训练有以下一些基本类型：

1. 分项列举式

讲述材料各层之间的并列关系，一条一条围绕一个统一的中心列举出来。例如工厂保卫科在职工大会上宣布门卫制度和防火防盗措施时，可用这种方式。

2. 时间顺序式

即按事件发展的时间先后顺序排列材料，反映出事物运动过程的自然状态。例如导游员介绍一个历史传说，就可按情节发生、发展、终结的顺序叙述。

3. 空间层次式

即按空间布局的顺序一层一层加以介绍，依据从外到内、从前到后、从下到上、从左到右等联结关系，用语言再现客观存在的空间事物，使听众对你所描述的情景获得清晰的印象。如导游员向游客介绍某一景观的建筑时，多采用此法。

4. 联想过渡式

在现实生活中，我们常常由所见所闻，联想到另一件事，前后产生由此及彼的过渡关系。这里有相似过渡和对比过渡两种。相似过渡是因形和质相近似而产生的联想；对比过渡则是由形和质相反而引发的联想。

5. 演绎思维式

这是对讲述材料深入思考过程的反映，即指认识活动从一般到特殊的过程。讲述时先作一般论说，使听众先有一般的了解，然后再深入谈其中的某一特殊问题，引导听众获得更为具体的印象。

6. 归纳思维式

与演绎思维式相反，即由特殊到一般的思维过程。讲述时从个别特殊事物归纳出一般的结论。

7. 由因及果式

先说明事件的原因，而后提出由原因产生结果的过程。凡讲述具有因果关系的事物，都可运用这种方式。这种讲述依据的是事物发展的必然规律，因此具有无可辩驳的说服力。

8. 由果溯因式

与上式相反，先摆出结果，然后追溯导致这个结果的原因。讲述中必须强调结果，以引起听众的重视。

9. 先总后分式

即先讲解整体，然后逐一分解它的部分，常用于对事物的分类或复杂理论的分述。如地理课上，讲解欧洲部分时，通常先讲述欧洲的方位、面积、人口、自然概况、自然资源、经济概况等，之后，再分别介绍欧洲的每一个国家。

10. 事理结合式

这是叙述事实和议论道理相结合的构思方式。可以一事一理，先谈一件事例，然后再发表自己对事例的见解、观点；也可一事多理或多事一理，在大量事例中探讨其共同的事理。

11. 提问解答式

先提出问题，然后经过分析，陈述见解，举例证明，予以解答；或阐述解决问题的根据、理由、方法。在演讲或报告中常用这种方式，集中阐明自己的观点和主张，也可以用来议论较为复杂的问题。

先提出问题，简单解说论题的意义，然后进入论证。如果问题较多，可以逐一提出，逐一解决，最后提出综合性论点，强调结论，加深听众的印象。

12. 推理论述式

论说较难理解的问题或事件时，应考虑听众的理解过程，按照由已知到未知、由浅入深、由表及里、由简单到复杂的层次进行论述或说明。

总之，客观事物的存在联系和运动形态是千变万化，错综复杂的，人们对其反映的方式和讲述的思路，也是多种多群、不拘一格的。进行思路训练时不一定限于单一类型，也可以灵活交织运用。

记忆的训练

要具备好口才，除了思维敏捷、灵活之外，还必须做好充分的准备工作，而充分准备主要是指对说话内容的熟悉，这就不可避免地涉及记忆。不仅要记忆讲话的素材、语言，还要记忆你精心设计的讲话结构。只有将内容和形式都记熟了，才能有条不紊、脉络分明地表达出来。

在日常工作和生活中，有讲稿的讲话毕竟是不多的，无讲稿的即兴讲话倒是常有。比如座谈、讨论、论辩、会议等等，常常突然要你讲几句话，发表意见。面对这种情况，怎么办？

将大脑中储存的有关知识，随手拿来，稍加组织，为其所用。只要平时记住了大量至理名言、作家作品、科学术语、成语典故、寓言故事、史地常识、奇闻轶事等素材知识，表达时就能得心应手，挥洒自如。

因此，好口才无疑是借助于记忆得以实现的。因为记忆是人脑的一种功能，是经历过的事物在人脑中的反映和再现。通过记忆，可以储存信息，把有准备的讲话材料和无准备的素材知识铭刻在脑子里。即便没有稿子或抛开稿子上讲坛，说话都能如行云流水，滔滔不绝。以下介绍几种常用的记忆方法。

1. 诵读法

记忆讲稿时，一遍一遍地念，大声地读，直至倒背如流，烂熟于胸。人们接受外界信息时，由于接收的感觉器官不同，记忆的保持率也不同。

专家试验证明：在接受知识时，如果用眼耳结合的"视听法"，三小时后，能保持85％；三日后，可保持65％。可见，诵读法能明显提高记忆力。

2. 纲目法

发表长篇讲话，可从主题和结构入手，列出讲稿纲目，即首先抓住主题，然后围绕主题，列出有逻辑联系的内容纲目，并用简明扼要的语言按顺序标出来，使之一目了然，以便进行提纲挈领的记忆。

3. 机械法

事物缺乏内在联系，靠简单重复和强记进行记忆的方法，叫机械记忆法。在一般情况下，记忆人名、地名、书名、日期、电话号码、门牌号码、数学公式等，都是运用此法。

在机械记忆中，也可以自创一些办法，借以提高记忆的效果，如对照法、顺序法、抓特点法等，还可以运用谐音、押韵、会意等方法，缩小记忆对象的信息量，灵活巧妙地进行记忆。

4. 口诀法

把本身联系很少的材料，根据其内容要点，编成整齐对称、偶句押韵、朗朗上口、便于记忆的语句，使之富于趣味性。这种记忆方法称为口诀记忆法。

口诀记忆法应用广泛，如许多农谚、节气谚语、珠算口诀、九九乘法表等，都是采用此法，使人们能快速、方便地记忆，又不易忘记。

5. 重复法

遗忘使记忆痕迹不断淡漠或消失，采用重复记忆法，可以加深大脑皮层的痕迹。复习不仅有修补、巩固记忆的作用，还可以深化对知识的理解。通过重复能逐渐达到知识的条理化、系统化。

总之，记忆的方法很多，要提高口语的表达能力，就要不断加强增强记忆力的训练。

表达的训练

在口才表达训练中，采取口才与思维训练同步进行的方法效果很好。这种训练经常采用的方法有下列四种：

1. 模型设问法

这种方法就是教师有计划有目的地设计一定的生活或问题模型，教师就模型多角度、多侧面、多层次地向学员进行系列提问，引导学员对模型进行多方位的深入思考，在此基础上总结出一定的方法，并引导由模型向生活延伸。

2. 茶馆讨论法

此法是在轻松的气氛中就生活的某一现象或热点问题，师生各抒己见，展开自由争论。发言不要求一定要有完整的章法结构，也不要求得出一致的结论，三言两语甚至只提一个问题都可以。

这种争辩，气氛热烈，言语随便，学员们仿佛回到了他们的寝室里，往往显得话语流利，词锋锐利，思维敏捷。而且学员与学员之间，学员与老师之间，思维多向碰撞容易闪现新的思想火花。

3. 学员诘难法

这是就学员关心的热点问题或生活模型，教师先提出自己的看法。这个看法可以是教师自认为较成熟的看法，也可以是故意留有或隐或现的破绽的看法。然后组织学员从多方面向老师诘难。这种形式实际上是前述"模型设问法"的逆变。

但这种形式让学员变被动为主动，便于充分发挥学员思维的主体功能，因为学员要诘难老师，就必须从新的角度思考问题。在这种形式中，学员设想的角度越多、问题越刁、言辞越激烈越好。

4. 模拟辩论法

此法就生活的热点问题，老师设计命题，学员自愿组成正方反方，展开论辩。这是一种比较正规的、有准备的口才交锋。

总之，口才与思维训练同步进行的方式，十分有利于口才表达能力的提高。它方法简便、灵活，学员兴致高，反馈及时，有利思维的多向碰撞，容易激活学员思维，有利提高学员思维的灵活性、敏捷性、新颖性和深刻性，有利口才向更高层次的发展，适应更为广泛复杂的社交活动。

听力的训练

现代社会是信息社会。当代经济的飞速发展增进了人们之间的交流，人际沟通、贸易往来、对外谈判等社交活动的频繁，对人们的听话能力提出了更高的要求。因此，就必须重视并加强听力训练。

仔细地、不遗漏地听取对方谈话的内容，是听力训练的基础，只有排除无意注意力干扰，加强有意注意力自控能力，切实提高自己完整接受信息的能力，才能准确地反馈信息。

边听边概括对方谈话内容的要求，这也是听力训练的重点，只有努力提高在听取对方谈话的过程中及时捕捉要点的概括能力，才能较好地把握谈话要旨，有针对性地反馈信息。

在口语表达中，存在着杂乱无章、重复啰唆、中心不明的谈话内容，听者需要剔除无用部分，整理筛选有价值的东西，这是听力训练的另一个重要方面，其目的是加强整理筛选对方谈话内容能力。

能从对方谈话中鉴别、揭示出暗含其中的弦外之音，是听力训练的重要课题。在许多特定的场合，说话人运用"双关""影射""比喻"等旁敲侧击的方法，来曲折地传递信息，这就需要听者细心鉴别，排除假象，把握要旨。

听力训练是一个比较复杂的过程，它牵涉到思维的适用、语言的表达、训练材料的筛选等问题。训练听力的方法很多，一般可以针对自己的薄弱环节实施目标分解训练。

在听话过程中，有些人毫无言语或神态上的反应，显得很被动，缺乏积极参与谈话的交流愿望，也使说话对方失去与之交谈的兴致。有礼貌地听人说话是尊重人、尊重自己的道德行为。在听力训练中，可有意培养下列几个方面的良好习惯：

（1）不随便打断别人的谈话，不因为对方所讲的内容自己不感兴趣，或不符合自己的观点，就表示反感、不满，更不可心不在焉或随意离开。

（2）在认真听讲的同时，还要热诚地看着对方的眼睛或做其他的态势表情，始终保持专注的精神和入神的姿态。

（3）在对方的话引起你感情上的共鸣时，应做适当的点头、微笑，表示接受、同意、赞赏；或沉默不语、专心致志，表示思考、支持、同情，尽量给对方精神上的酬谢和慰藉。

（4）言语上应作积极的反应。或应答，或提问，或讨论，或承接，或提醒，或要求重申。如"对""是吗""嗯，是这么回事""后来呢""不错""再谈谈看"等应对语言，可根据听话内容、场合、气氛作灵活的插入。

接力的训练

一句话接力训练是培养快速思维和快速表达能力的行之有效的办法。其具体做法是：以座次为序，每人讲一句话，要求每句话的开头一个字必须是前一个人所说那句话的最后一个字。即话与话之间要以预计的方式衔接起来。例如：

甲：今天我们上语文课。

乙：课堂上要注意听讲。

丙：讲话是一种艺术。

丁："术业有专攻"是韩愈《师说》中的一句话。

在接力训练中，每个参加者要注意些什么呢？

（1）句子要完整。此项训练目的是培养遣词造句的能力，要求每个人说的必须是一句话，而不能是一个词或一个词组。一般来讲，说出的句子必须有主语和谓语，否则，就不是一个完整的句子。例如，有人接"同"字，说："同舟共济"。有人接"上"字，说："上班去了"。"同舟共济"是个成语，"上班去了"是个短语，这些都不是句子。

（2）声音要洪亮。参加者说话的音量不能太小，最小也要以在场的所有人都能听清为限。在整个过程中，作为训练的"导演"，要对训练中出现的障碍和语言错误进行排除或纠正，如果听不清，就无法当这个导演。

在整个过程中，每个人自始至终都是以参与者的身份出现的，尽管每个人只说一句话，在大部分时间里不说话，然而他们在倾听、在思索，心里默默地替别人构思句子，或评判别人某个句子的得失，从中汲取营养、经验或教训。所以，如果音量过小，别人听不清，他们就会感到乏味无聊。

（3）加强句子的知识性。句子的知识性要求句子能够传达准确的科学知识。有人接"法"字，说："法人是指根据法律参加民事活动的组织"；有人接"惯"字，说："惯性是物体保持自身原有的运动状态或静止状态的性质"，这些句子就具有知识性。

（4）构思要快。径赛中的接力赛是以快为获胜的衡量标准，此项训练也是如此。这里的快不是指说话语速快，而是指构思那句话要快。尽管参加者都知道自己在什么时候、在哪个人之后说那一句话，但他并不能事先打那句话的腹稿，他无法做这种准备。

从开始构思算起，到构思完毕、可以说出时为止，这段构思时间，应掌握在六七秒之内，最迟也不能超过十秒，如果超过十秒，就会使人产生"断路"之感，因而影响训练的流畅和紧凑，破坏训练的整体效果。这就要求每个参加者在属于自己的几秒钟里，要使自己的脑筋高速运转，以便在规定的时间内造出句子来。

下面介绍几种切实可行的快速接力的造句方法。

（1）从所接字的字音上入手造句　如接"的（de）"，可造句："的"字是个轻声；"的"字还念"的（di）"；"的"字有好几个读音等。

（2）从所接字的字形上入手造句　如接"课"，可造句："课"字是左右结构；"课"字不是上下结构；"课"字右边是个"果"字等。

（3）从所接字的字义上入手造句　如接"多"可造句："多"就是数量大；"多"的反义词是"少"；"多"的近义词是"繁"等。

（4）从组词上入手造句　现代汉语中双音节词居多，用所接字来组双音节词有两种情形，一是所接字在前，一是所接字在后。如果你组的词是所接字在前，那造句就不成问题了，起码你仍可在这个词本身上做文章。

活力的训练

不要让别人听到你疲惫无力的声音，如果你能在声音中注入活力，别人也会受到你的影响而振作起来，因为声音是具有感染力的。

你肯定想象得出一双松垮的袜子对形象的害处有多大，尤其是对年轻人的形象。然而松松垮垮的声音害处更大。这里有一些方法可以帮你避免这种危险，使你的声音朝气蓬勃。

首先，必须按照前面介绍的呼吸原则进行练习。其次，认真实行下面的方法：

（1）请把下列字词各念两遍。念法是这样的：先轻轻地念前一个词，然后用加重的语气念第二个词。前者像是对距离10米左右的人说话，后者则像是距离25米。

与此同时，假想你是站在阳台上对下面房间里的另一端讲话，这样可以帮助你防止音调的提高。练习的目的是，体会用呼吸的力量增加语言的效果，而不是尖声高喊：

跑——跑！

肃静——肃静！

准备——准备！

看——看！

开枪——开枪！

火——火!

不——不!

开始——开始!

冲——冲!

拉——拉!

撞——撞!

推——推!

试一下——试一下!

站起来——站起来!

走开——走开!

停下来——停下来!

（2）当你情绪激动时，如生气、愤怒、抗拒、发令时，你绝不应提高音调，而应多使用些肌肉的辅助力量。如果你的声音在情绪激动时容易变尖，你可以练习下列句子。

练习时注意：每遇到一个你希望加重的字眼，一定要从你的呼吸动力中心发出超额的辅助力量。如果你一下子还做不到，可以试着用拍桌子来帮助你做到。

现在，用各种不同的语气——充满信心、挑战、激愤、烦躁、吵闹、威严或命令，来说这几个句子：

①我生在这里，长在这里，死在这里。

②作为一个泱泱大国的子民，我们应该为此感到荣幸，并要求得到我们应有的权利！

③在这种情况下，我们需要坚韧不拔的意志、勇敢的精神、持久的信心和顽强的双手！

④我们孤身奋战，但决非仅仅为一己而战。

⑤我们需要幻想家、思想家、实践家——我们需要你！

⑥我已准备好，随时可以行动，并坚信我的行为绝对无愧于我的良知、我的祖国和我的上帝。

气息的训练

气息是人体发声的动力、发声的基础。在朗诵、演讲、论辩或其他口语表达时，气息的速度、流量、压力的大小与声音的高低、强弱、长短以及共鸣情况都有直接的关系。可以说，要控制声音，驾驭语言，就必须学会控制气息。

所谓控制气息，就是要学会胸腹联合呼吸法。人们生活中的本能呼吸是浅呼吸，即只作胸部呼吸。演讲或朗诵时，用这种本能的呼吸方法发音，时间一长，声带疲乏，声音就会嘶哑。

而胸腹联合呼吸法，是要深呼吸，将空气吸入肺叶底部——横膈膜处（即扎腰带的地方），一般采用鼻子吸气，吸入横膈膜的气，使肋骨自然向外扩张。此时感觉腹部发胀，小腹逐渐收缩；吐气时要保持横膈膜的扩张状态，这一点很重要，不要一吐气横膈膜就塌瘪了，一下子让气息泄掉，声音就失去了气息的支持，致使头几个字有气息支持，后面的字无气息支持。讲起话来就会前强后弱，上气不接下气。这样呼吸，不仅费力，而且声音难以持久。

只有保持横膈膜的扩张状态，感觉气息是从小腹深处涌上来，推动声带发音，这样的声音才不仅洪亮、有力，而且持久，能保持整句话的声音都饱满圆润。

以下介绍气息训练的几种方法：①闻花练气 坐直，静心，躯干略前倾，头正、肩松、小腹微收，舌尖抵住上腭，如闻花般地从容吸气，感觉气流好像沿脊柱而下，后腰部逐渐有胀满感，两肋向外扩张，小腹逐渐紧收，吸气至七八成满；控制一两秒，然后缓缓吐气，气息均匀而缓慢地流出。反复进行上述练习，呼气时间要逐渐延长，以达到25~30秒为合格。

用上述方法吸气，在呼气时反复从一数到十，使气息不断延长，一口气数20下。

（1）缓慢地吸气，然后缓慢地呼气。呼吸过程要慢而不僵，各部分器官配合协调，气息均匀。

缩短吸气时间（急吸气）。像要喊突然发现远方走来熟人似的急速吸气，两肋一下子提起，但动作不能让人有明显察觉，气息很快地进入肺部，然后相当缓慢均匀地呼气，每一瞬间使用的力量都应当是相等的。

（2）气息体操方法：由一人领操，大家双目微闭，以站立姿势为宜。整套体操共分10节：快吸快呼——慢吸慢呼——快吸慢呼——慢吸快呼——深吸浅呼——浅吸深呼——鼻吸鼻呼——口吸口呼——鼻吸口呼——口吸鼻呼。

训练提示：1~6节口鼻并用；可安排在早锻炼时间进行。

（3）气声数数方法：先吸足一口气，屏息数秒，然后用均匀的、低微的、带有气息的声音（如说悄悄话那样）数1~100。在开始阶段可数得少一点，数时尽量不散气、不漏气。

（4）压腹数数方法：平躺在床上，在腹部压上一摞书，吸足一口气，开始从1往后数。这是对气息输出作强控制的训'练，目的是增强腹肌和横膈膜的控气力度。开始阶段压的书可少些，逐渐增加。可利用睡前作这个练习。

（5）跑步背诗方法：平时跑步出现轻微气喘时，背一首短小的古诗。开始训练时可两人配合进行，并肩小跑，一句递一句地背下去。

提示：激烈运动时不可进行此训练；要尽量控制不出现喘息声；一首诗背完后，要调节呼吸，然后再继续进行。

（6）软口盖练习方法：最常见的是"闭口打哈欠"，即打哈欠时故意不张开嘴，而是强制用鼻吸气、呼气。

（7）数葫芦抬米方法：吸足一口气，然后数下去。先作词组练习：一个葫芦、两个葫芦、三个葫芦……再用短语练习：一只蚂蚁抬一粒米、两只蚂蚁抬两粒米、三只蚂蚁抬三粒米……

提示：以站立姿势为佳，训练前先将余气吐尽再吸气；从自然音高数起，字音强劲有力清晰，速度平稳均匀，富有节奏感，适可而止。

（8）偷气换气方法：选一篇或一段长句较多的文章，用较快速度读下去，在气息不足时，运用"偷气"技巧，读后确定最佳换气处。

提示：换气宜口鼻并用，以鼻为主，掌握时间差，使气流充沛有力。偷气不要边发声边吸气，要用极快的速度，在不为人觉察时吸入部分气流。

共鸣的训练

用气推声的发音方法虽省力，但要发出抑扬顿挫、铿锵有力、响亮悠远的声音，还必须在用气推声的基础上，学会共鸣的发声方法。

生理学家告诉我们，声带产生的音量只占讲话音量的5%，其他95%的音量，则要通过胸腔、头腔、口腔、鼻腔所组成的共鸣器放大产生。

人的声道主要共鸣器官有口腔、胸腔和头腔，口腔共鸣能使声音结实清晰，胸腔共鸣能使声音浑厚洪亮，头腔共鸣能使声音高亢明亮。通过训练，可将这三种共鸣融为一体（即混合共鸣），发出来的声音才能响亮久远。

由于一般人没有进行过正确的共鸣训练，因而存在许多共鸣发音的弊病：

（1）白声共鸣位置过分靠前，口腔没充分打开，好像只用嘴皮子说话，因而声带发出的声音形不成共鸣。

（2）音包声音位靠后，喉头张开得太大，俗称喉音过重，声音很响，但声母不清。

（3）鼻音太重由于软腭下垂，舌根抬起，阻挡了咽喉与口腔的通道，声音大部分从鼻腔里出来，俗称齆鼻子。

以下介绍几种简单而实用的共鸣训练方法：

（1）口腔共鸣训练法采用张口练习法。可用惊吓张口、半打哈欠、吞咽食物张口等感觉练习口腔张口，在气推声之前吸气和同时打开口腔立即发音，经过多次反复练习，可获得口腔共鸣的发音效果。

（2）胸腔共鸣训练法最简单的方法是发音之前先做好闭口打哈欠的准备，在气推声的同时，胸腔打开（像雄鹰展翅的感觉或做扩胸动作，体会胸腔打开——如同手风琴的风箱张开原理）。多次反复练习就能获得胸腔共鸣的效果。

（3）头腔共鸣训练法　最简单的方法是练习"凝目远视"

（它可以使头腔共鸣器官——鼻窦、额窦、蝶窦等器官张开）和"提小舌头"（即软腭提起打开咽腔）。在气推声之前，先凝目远视并提小舌头，同时用气推声。多次反复练习即可获得头腔共鸣效果。

最后要将三种共鸣方法融为一体，产生"混合共鸣"。混合共鸣的方法是在前三种的基础上，要求从肚脐到口腔保持气息的畅通无阻，头腔、口腔、胸腔一齐打开，用气推声的方法发音，就能获得"混合共鸣"的效果。

共鸣方法在具体运用时，应根据演讲或朗诵的具体感情的需要，在混合共鸣的基础上，有意识地加强其中一种共鸣的成分。如表现热情要加强头腔共鸣，表现沉痛要加强胸腔共鸣，一般叙述要加强口腔共鸣。

语音的训练

语音，就是说话的声音。人们在说话时通过发音器官的运动，发出音高、音长、音强或音质都不相同的声音。这些声音在人们长期的劳动实践中被赋予了一定的意义，并以此来传达和接受信息，就形成了语音。

由于语音的产生是建立在人们约定俗成的基础上的，所以音、义、符之间并无必然的联系。某个声音表示某种意义是习惯使然，这就造成语音的地域性，民族性差异非常明显。仅在我国就有八种使用较广的方言。

口语信息的传达与接受的有效性，必须以声音准确无误地表达语义为保证，"说"和"听"都要具备对语音的准确的适用和理解能力。那么，语音训练有哪些基本要求呢？

1. 控制气流，正确发音

语音是人体发声器官运动的结果，声带发出声音后，口、鼻、喉、咽、胸产生共鸣传出声音，唇、舌控制气流而得到了各种不同的话音，而每个音素都有自己固定的发音方法。

因此，我们必须准确地牢记每个音素的发音特点，掌握正确的发音方法，特别是使用方言的人，更要注意区分方言与普通话语音的发音区别。

2. 吐字清晰，干脆利落

吐字时由于时间短促，不可能把每个音素都发得那么完整彻底，一般在念字时口形主要落在韵母的元音上，声音处理应是字头短而有力，字腹圆润饱满，字尾和缓渐弱。整个音节干脆利落，不拖泥带水，含混不清。

3. 声调准确，注意区别

汉语的音节少，加上声调才使许多同音节字得以区别，特别是在口语中声调成为辨别字的主要成分，如ma、ma、ma、ma因声调不同表示了不同的概念。

因此，口语表达不可忽视声调的准确性，否则会造成表达不明确，甚至全然相悖的结果。

4. 口齿灵活，自然流畅

说一段话需要连续发许多个音节，要使语言自然流畅，又使每个音节清楚准确，需要我们训练口齿的灵活性。连续发音时，舌要在唇、齿、龈、腭等部位来回伸缩，舌尖、舌面、舌根要交替用力，唇要做出圆、扁、开、合、撮、闭等各种动作来控制气流的开放与阻塞，其运动频率是很高的。

如果口齿呆滞，唇舌无力就会使语流含混，影响表达效果。锻炼口齿的灵活性可通过朗读规范文字作品的训练方式来实现，由慢到快，经常练习。

5. 清晰悦耳，富有魅力

音质对语言的意义表达和情感传递有很强的制约作用，音色的美感能产生强烈的吸引力，使语言富有魅力。要做到这一点就必须养成良好的发声习惯。

发声时正确的姿势是：挺胸、收腹、提气，颈部、背部、腰部要自然伸直，胸肌放松，用力适中，便于气流通畅运行，以达到良好的共鸣效果，使语音浑厚有力、轻松自然、清晰悦耳。

语感的训练

语感，并不是指语言的感情色彩，而是指人对语言的感知和反应能力。当一连串的线性结构的语流，通过听觉或视觉传入你的大脑的时候，你能否迅速而准确地理解其含义和情味；当某种事物呈现在眼前，或某种意念产生于脑海，你能否迅速地找到适当而生动的词语，并将其连贯有序地表达出来。这就是语言的感应能力，或叫语言的触发功夫。

显然，敏锐的语感、机智的口才是以丰富的学识储备和良好的心理素质为基础的，但就即兴构思、随机应变的技能来说，对语言的触发是否敏锐就是关键所在了。

尽管人们如今的交谈、答问、论辩和演讲很少是以对联或赋诗的形式出现，但对语言的感应之迅速、准确、恰当和简练，确实是一个人重要而实用的本领。而且，敏锐的语感、机智的口才也是任何有进取心的人都可以培养起来，加以强化的。

那么，怎样培养和训练敏锐的语感呢？

（1）积累语言材料多多益善全部的汉字约有6万多个，但实际上现代常用的汉字只有3000多个。我们一般掌握了这常用的3000多字，在日常生活中也就基本上够用了。这个标准，对于任何具有高中以上文化程度的人来说是完全可以达到的。

所谓积累语言材料，主要是指积累词汇。词汇的数量要比字数多许多倍，难以统计。我们要培养敏锐的语感，首先要注意积累词汇。

人脑不怕困，就怕空，其记忆的容量是无比巨大的，相当于全世界图书馆的信息储存总量，是计算机的100万倍。所以语言信息再多，正常的人脑也能装得下。我们只要用心，积累大量的语言材料是毫无问题的。

（2）辨析词的特点，愈细愈好词语的组合和运用，既有一定的规律和习惯，要求人们在使用时必须遵循，同时还有许多灵活多变、微妙复杂之处，值得人们特别注意。

语感的敏锐意味着用词造句既快又准，这就必然要求使用者对每个词的词性、词义、程度、色彩及其相互搭配的特点加以细致的分辨。

我们在辨析和使用词语上应当树立"推敲"意识。一字之差，意味不同。"敲"比"推"不仅意思更加确切，给人的感觉也不一样：一个是幽静之感，一个是孤寂之意；一个是礼貌拜访，一个是莽撞闯入；一个是音节阻滞，一个是音节响亮。我们对词语的辨析就是要如此细致入微，才能取巧避拙，运用自如，具备敏锐的语感。

（3）注意词序、虚词，熟练编码词序就是词或词组编排的次序。汉语的句子不论长短，不论简单还是复杂，对词序的格式总是有一定要求，遵循特定规律的。一句话总是先说什么人或什么事物，然后再说怎么样或如何了得。有时词序更动，句子尽管照样可以讲得通，但意思却已经改变了。因此，对于词序，我们要有敏锐的感觉和正确的习惯。

虚词虽然不表示具体概念，没有实在意义，但在遣词造句中，特别是在比较复杂的语句中起着各种各样的，然而也是至关重要的作用。许多语病正是由于虚词使用不当造成的。

总之，要发展自己的语言能力，特别是提高口语表达能力，一定要着意训练敏锐的语感。

语调的训练

语调是语言表达中的第二大要素，亦被人们称之为语言表达的第二张"王牌"。什么是语调？即说话的腔调，就是一句话里语音高低轻重的配置。每个句子都有语调，恰当地运用语调，表达一定的语气和情感。

语调的作用是巨大的，它起着润色语言的作用，促进思想沟通，使语言表达更加清晰明确，从而增加语言的表现力，因此，学会运用语调，对于提高语言表达能力是十分重要的。

形成语调的因素是多方面的，但起决定作用的是思想内容和感情态度。语调的起伏变化万千，很难找到完全相同的形式，为了便于练习，把基本相似和大体的语调归纳为以下几类：

（1）升调情绪亢奋，语流运行状态是由低向高，句尾音强而向上扬起。一般用于提出问题、等待回答、感到意外、情绪惊恐；中途顿歇，全句未完；发布命令，进行号召等。

（2）降调情绪稳定，语流运行状态由高向低，句尾音弱而下降。一般用于陈述句、肯定句、感叹句、祈使句等。

（3）平调情绪沉稳，语流运行状态基本平直，句尾和句首差不多在同一高度。一般用于庄重严肃、踌躇迟疑、冷漠淡然、思索回忆等句子中。

（4）曲调情绪激动或情感复杂，语流运行呈起伏曲折状态。或由高而低再扬起，或由低而高再降下，或起伏更大。适用于语意双关，言外有意，幽默含蓄，讽刺嘲笑，意外惊奇，用意夸张等语句中。

语调的变化，是在一种基本语调的基础上进行。一般来说，基本语调是在中音区进行，并在此基础上产生语调变化。另外还有两种情况值得注意：一种是表现高昂、激越、紧张、热烈、愤怒、仇恨等情绪的语调是在高音区进行；另一种表现低沉、悲哀、凄凉、沉痛等情绪，一般多在较低音域中，它的基本语调是在低音区进行。

语调训练一般包括以下内容：

1. 把握重音

重音也叫重读，在口语表达中，它有强调重点、突出主要情感的作用。语句中的词语在语义上并非完全并列、同等重要，而是有主有次，轻重有别。表达者有意对那些重要的词语（音节）加以强调和处理，这些词语就是重音。

同一句话，由于重音位置的移动，表意的重点就会发生变化。如"今天我来这儿讲课"这句话，重音不同，语义就不同：

今天我来这儿讲课。（明天不来）
今天我来这儿讲课。（不是别人来）
今天我来这儿讲课。（明天在别处讲）
今天我来这儿讲课。（不是来聊天）

由此可见，重音的位置对语义有重要影响。

把握重音的关键是找到重音的确切位置，这就需要明确讲话的重点，弄清话语主旨，真正把握每句话的表意重点；而表意的重点词语往往就是重音的位置。能否正确使用重音，是准确表情达意的关键。

2. 巧设停顿

停顿是指语言顿挫。它在口语表达中的作用有二：首先，停顿起着标点符号的作用，它作为话语中换气的间隙，既是表明上句话的结束，又是下句话的前奏，以此加强语言的清晰度和表现力。其次，停顿能使口语抑扬顿挫，它以间歇的长短、一定时间单位里次数的多少，形成讲话的节奏，给人以韵律美。

停顿要得当、得体，应当根据传情表意的需要合理设置停顿，而不可随意为之。停顿的位置不同，一句话表达的语音就会不同。如：

你／了解我了不了解？—（问是否了解自己）
你了解／我了不了解？＼（承认自己不了解）
你了解／我了不了解？／（不承认自己不了解）
你了解我，了不了解？（想证实别人不了解）

你了解我了不了解？／（不相信别人了解）

你了解我了不了解？（明白别人了解）

巧设停顿有时能造成言外之意和弦外之音，让人觉得"此时无声胜有声"。训练有素的口才家往往善于利用语句的停顿，让听众去思索、回味和期待，以获得理想的语言效果。

巧设停顿还要善用停连。停连口语是表达中声音的中断和延续。当断不断，语序混乱；该连不连，语音难全；有断有连，方能扣人心弦。所以，停连也是不可忽视的口语表达技巧之一。

3. 善用语调

语调的升降变化能表达不同的语气。同一语句由于高低升降的不同，便可以表达多种多样的感隋。譬如：

这是一百万元？（啊！好吓人啦！）——吃惊

这是一百万元？（别吓人了！）——轻蔑

这是一百万元？（糟！）——后悔

这是一百万元？（好高兴啊！）——喜悦

这是一百万元？（真稀奇）——好奇

这是一百万元？（开玩笑）——疑问

语调分为升调、降调、平调和曲调四种。

升调，调子由平向高，多用于疑问句，用来表示反问、疑问、惊异、号召等语气；降调，调子先平后降，多用于陈述句和感叹句，用来表示肯定、感叹、请示等语气；平调，调子始终保持同样的高低，常用来表示严肃、冷淡、叙述等语气；曲调，调子升高而降，或降而再升，常用来表示含蓄、讽刺、意在言外等语气。

语流的训练

口语一般是依靠前后连贯、相对完整的"语言链"来表达思想的。表述能力不强而又缺乏训练的人，出现吞吞吐吐、词不达意、前后脱节、说半截子话等语流不畅或语流质量不高的现象，是不足为奇的。语流训练就是为了培养完整、准确的口语表达能力。因此，它包括储词、炼句和句式等方面的训练。

1. 储词训练

语汇是语流的"细胞"，语汇贫乏是造成语流阻断、语言无味、语无伦次的重要原因之一。储词训练可使你储备各方面富有表现力的词汇、短语，使语流更准确、更顺畅。

方法："滚雪球"。先提出储词范围，供大家商讨，后举手发言，其他人补充，最后讲评归纳。通过不断发现、补充新词语，使"雪球"越滚越大。最好准备一个"储词本"随时记录。

"堆宝塔"。在出示储词要求后，一个人只准说一个词，第一人讲出给1分，第二人讲出给2分。以此类推。随着后面难度提高，得分越高。最后累计积分，评出优劣。

题例：请用"ABB"的叠词方式表达欢乐、喜悦。

参考答案：喜洋洋、喜滋滋、兴冲冲、乐悠悠、乐陶陶、乐呵呵、乐滋滋、乐融融、笑嘻嘻、笑呵呵、笑哈哈、笑吟吟、笑微微、笑盈盈……

请讲出带有"步"字的短语。

参考答案：步伐矫健、步履蹒跚、步入疑阵、步履维艰、健步如飞……

提示：训练时不准翻字典，看笔记；一口报出，以训练吐字准确为佳；经常进行训练，经常丰富积累，强化记忆。

2. 句式训练

句式训练的目的是培养运用多种句式推动语流畅通，增强表达效果的能力。重点训练长短句的交错和多重复句、插入、倒装等句式的运用，以及陈述、疑问、祈使、感叹句式的组合使用。

方法：说——评：即先提出句式要求，由各人准备，然后围绕一个话题互说互听互评。

听——议：听一段优秀演讲录音，进行句式的分析研究，指出各种不同句式的表达效果，展开讨论。

题例：请用"……不必说……不必说……也不必说……更不必说……单单是……就……"这个句型讲述一个人、一件事或一处景物。

3. 炼句训练

说话啰唆重复，是语流质量不高的原因，在于说话前没想好，无法凝聚思维语言，词不达意。炼句训练能培养你简洁流利的口语表达习惯。

方法：反例评析。主持人故意讲一句或一段不精炼的话，请大家笔录下来，作为句子评析。如"在写作这篇作文的时候，字数最多不得超过1000字"。这里，"写作"和"作文"、"字数"和"1000字"、"最多"和"不得超过"，均为不必要的重复。全句21个字，缩短成10个字就行了："写这篇作文，最多1000字。"

"一句话新闻"。让大家稍做准备，每人站起来，用一两句话说一条新闻。说完后，将录音重放一遍，先让说的人做句子分析，然后大家从准确与精练两个方面进行评析。

音色的训练

音色，亦称"音质"，即人的声音本质，由于每个人声带的不同，其音色也不一样。音质好的人通过训练可能成为优秀的歌唱家、演讲家；音质差的人更要训练，变不利为有利，才能给人以美的享受。所以，音色训练对每个人来说都是极为必要的。

音色训练的方法有以下几种：

1. 音高与音低的练习

可选一首古诗，如"离离原上草，一岁一枯荣。野火烧不尽，春风吹又生"做练习。

先用低音说起，一句句地升高，然后再一句句地降下来。

一句高，一句低，高低交替。

每个字的音调由低向高，再由高向低。

2. 音强与音弱的练习

小音量练习，要求音量虽小，但吐字清晰。

中音量（正常音量）练习，要求吐字清晰，抑扬有致。

大音量练习，要求气息强大，音色高亢响亮。

三种音量混合练习。

3. 实音与虚音的练习

实音练习。要求音色响亮、扎实，清晰度高。

虚音练习。说话的气息强而逸出较多，音量则有所控制，注意字音的清晰。虚音多用于表达感叹、回味、夸张等情感的语句中。

4. 虚实结合的练习

明朗音色练习。这是我们说话常用的一种音色，要求轻松明快，朗朗上口。

暗淡音色的练习。暗声的气息深沉，共鸣点较散而靠后，音色偏暗，多用来表达忧伤、抑郁的感情。

明暗对比练习。通过明暗对比，更恰当准确地表达其思想感情。

5. 刚声与柔声的练习

刚声练习。要求气息充足，音色响亮，铿锵有力，掷地有声。

柔声练习。要求气息舒缓，音色柔美，如春风袭人。

刚柔对比练习。声音能刚能柔，刚柔相济，使声音刚强中带有柔韧，柔韧中富于变化。

重音的训练

重音也叫重读，说话人根据表达语意和感情的需要，故意把某句话、某个词组、某个词，或某个字说得重一些，这就是重音。

重音在口语表达中是第三大要素，有人称它是口语表达的第三张"王牌"。恰当准确地运用重音，对于增强语言的表达效果是十分重要的。

那么，如何在一篇发言中确定重音之所在呢？建议你不妨从下面几点出发，进行考虑：

1. 词的轻重音

主要表现在音节上，双音节的词有"重轻"和"中重"两种，"重轻"即重音在前，轻音在后；"中重"即中音在前，重音在后。后一种格式在双音节词中是主要的。三音节的词，则以"中轻重"为主要格式。四音节的词，以"中轻中重"为主要格式。

2. 句的轻重音

主要有两类：一是语句重音，是由语句的结构自然表现出来的重音。"语句重音"一般不太重，只不过是在原来词的重音上稍稍加重而已。二是逻辑重音，也叫"强调"。这是一种特重音，音量比词的重音、语句重音都要强。它可以使词和语句中的重音进一步加强，也可以使词和语句中的"非重音音节"变成重音或特重音，以突出词句中的某个意念。

3. 感情重音

在口头语言中，为了表达强烈的感情，对那些表达感情起决定作用的词语、句子，甚至整个段落，相应地加重音量，这就是感情重音。感情重音可使语言色彩更加丰富，情感饱满充沛，强烈地感染听众的情绪。

懂得了重音的确定方法之后，还应懂得重音的表达形式。

常用的重音表达方式有以下几种：

（1）加强音量法。即把重音读得重一些，响亮一些。

（2）拖长音节法。即把重音音节拖长，给以强调。

（3）一字一顿法。即在要强调的字词前后都作必要的顿歇，使其语言更加清晰有力，深挚感人。

（4）重音轻读法。即把要强调的字、词或句子减少音量，拖长音节，同时加重气息。这种重音轻读法，常用来渲染意境，表达深沉凝重、含蓄内向的感情，听起来语轻音弱，而产生的效果犹如沉雷从心底滚出。

在学习运用重音法之前，要先学会取消重音。因为有些初学者常常滥用重音，还有些人在日常生活中形成了一些不正确的重音习惯。所以，要将这些有碍正确区分重音的习惯"清扫"出去，在此基础上，再恰当地选择好重音，这样才能清楚地强调出主要的词句。

节奏的训练

口头语言的节奏，是指因思想感情的起伏而激起的音势强弱，语速快慢的变化。

一般地说，语言的节奏速度同说话的思想感情是一致的。随着说话时思想感情所呈现出来的不同状态，声音的节奏速度也不断变化，显现出不同的特点。有的轻快，有的凝重；有的高亢，有的低沉；有的急促，有的舒缓。

人们在表达欢乐、兴奋、惊惧、愤怒、激动的思想感情时，语流速度一般较快；在表达忧郁悲伤、痛苦、失望或心情沉静、回忆往事的心理活动时，语流速度一般较慢。当然，也有例外的情况，如内心的思想感情是很紧张、很激动或很愤怒的时候，而语流速度表现出来的却是平缓的。而听众正是从说话者的平缓的节奏中，感觉到说话者内心感情在强烈地激变。

节奏感强的、动听的、连贯的语言，同唱歌和音乐有许多很相近的特点和因素。有些词语需急速地念出来，就像音乐中的8分音符和16分音符；另有些词语必须表现得有分量些，必须拖长些，就像全音符和2分音符；而连贯一气的词语，就像是二连音或三连音。

字母、音节和单字——这就是语言中的音符，可以组成一小节、一首歌或完整的交响曲。由于这种有节奏的语言，才使人们的讲话变得富有魅力。因此，要使自己的口头语言如同音乐般优美动听，就必须注意语言的节奏。

语言节奏的处理，即是说话者感情的表露，也是说话者思想水平和涵养的表现。为了更好地进行语言节奏的训练，以下对语言节奏的类型进行简单介绍：

（1）轻快型语调多扬少抑，语音多轻少重，语句多连少停，语流快，活泼。如《荷花淀》中水生与媳妇们嬉戏的一段，就属于这种类型。

（2）凝重型语调多抑少扬，语音多重少轻，语句多停少连，语流平稳凝重。如朱自清的散文《背影》就属于这种类型。

（3）低沉型语调压抑，语音沉重，停顿多而长，音色偏暗，语流沉缓。如《一月的哀思》就属于这一类。

（4）高亢型语调高扬，语音响亮，语句连贯，语流畅达。如《白杨礼赞》、《最后一次演讲》都属于这种类型。

（5）舒缓型语调多扬，语音多轻，气息畅达，声音清亮轻柔，语流舒展。如峻青的《秋色赋》就是这种类型。

（6）紧张型 语调多扬少抑，语音多重少轻，语气强而短促，语流速度较快。如山东快书《武松打虎》一段就属于这一种。

要掌握语言节奏，首先要掌握通篇讲话或一次谈话的基本节奏，然后再根据讲话内容而调整节奏，使节奏同内容和谐一致，以便更好地表达思想感情。

吐字的训练

戏曲和歌唱历来十分重视吐字，讲究"字正腔圆"，并把字正作为腔圆的基础，可见对吐字的重视。

"唱"尚且如此，"说"，吐字当然就更加重要了。字是意义和情感的载体，我们说话吐字功夫如何，对思想感情的表达有重要影响，因此，必须十分重视吐字训练。

（1）吐字要求说话吐字有两方面的要求，一是"真"，二是"美"。"真"，准确规范，清晰真切，要按普通话语音规律发音，不能错，也不能含混；要干净利落，真真切切。"美"，发音好听，集中圆润，灵巧流畅。

要使说话吐字悦耳动听，就必须在符合语音规律的前提下，加强口腔控制。在"真"的基础上讲究字音"美"，真美结合，做到集中而不散漫，饱满圆润而不单薄苦涩，灵活巧妙，流畅自然而不笨拙呆板。

（2）吐字要领吐字归音是我国传统唱法中对吐字方法的概括，是指对字头、字腹、字尾的完整的处理过程。对字头、字腹、字尾的处理，分别叫作出字、立字、归音。

基本要求：出字：要求准确有力，叼住弹出。字头，包括声母和韵头（介音）。发好字头主要是要把握好声母的发音部位、方法和韵母的四呼。要注意"叼"与"弹"的感觉，不要直着往上"喷"。

立字：要拉开立起，圆润饱满。立字是对字腹即韵母中主要元音的处理。关键在口形，口腔开合适度，松紧相宜，立音舒展丰满，坚实稳定。

归音：要趋向鲜明，到位弱收。归音是对字尾即韵尾的处理，口腔由开到闭，肌肉由紧到松，声音由强到弱。南方人要特别注意区分前后鼻韵n与ng，要清晰分明，不要混淆。

枣核形：把上面的要求综合起来，字头的叼住弹出，字腹的拉开立起，字尾的到位弱收，就形成了吐字归音的"枣核形"。这样的吐字，点面结合，清晰丰满，能给人以美感。"枣核形"即：声母、韵头为一端，韵尾为一端，韵腹为核心。

需要注意的是"对，枣核形"不可作绝对化的理解。这是因为，我们是"说话"，不是"念字"。在有节奏的语流中，不可能把每个字音都发得那样"到家"，否则会显得很死板。

零声母字和开尾字的发音：零声母字和开尾字是属结构不全的字，在吐字上与头、腹、尾齐全的字是有区别的。所谓零声母字，就是没有声母的字。

它分两种情况：一种是既无声母又无韵头的无头字。这种字在发音开始（注意：仅仅是开始）时要适当增加主要元音发音紧张度，以保证吐字的清晰有力。

另一种是无声母但有韵头的有头字。发音时，要韵头当声母用，韵母i、u、ü发得短促有力。以显示字母发音的"点"的特点。

坚持"取中"原则。为了使我们的吐字符合语言美的要求，在实际发音过程中，要坚持"取中"的原则。"取中"包含有两层意思：一是相对于日常生活语言和歌唱吐字发音而言，介于二者之间；二是就语音自身特点而言。

这里指的是后者。在符合语音规律、保证语音不走样的前提下，我们主张发音要：前音稍后，后音稍前；开音稍闭，闭音稍开；横音稍竖，竖音稍横。

第四章

掌握说话的要诀

交谈的要诀

1. 要引导别人进入交谈

在交谈的时候，除了吸引对方和引起对方的兴趣以外，还有一个任务，那就是要引导对方加入交谈。

你必须要注意一点；自己是否挫伤了对方的自信？是否给对方留有充分发表他们见解的机会，而不是拒之于谈话之外？

更重要的是你能否对他们的话表现出关注，而不是只顾自己感兴趣的话题。

交谈就像传接球，永远不是单向的传递。如果其中有人没有接球，就会出现一阵难堪的沉默，直到有人再次把球捡起来，继续传递，一切才能恢复正常。

问一些需要回答的话，这样谈话就能持续不断。

如果感觉到很难让你的谈话对象开口畅谈，你不妨用下列问句来引导他们：

"为什么？"

"你认为怎样才能？"

"按你的想法，应该是？"

"你怎么正好是？"

"你如何解释？"

"你能不能举个例子？"

"如何""什么""为什么""怎么样"这几个词是提问的法宝。

当然，如果回答还是个僵局，那就和提问是僵局一样，交谈仍然无法进一步展开。你必须尽一切努力把球保持在传递中，而不是使它停在某一点。

有时，你的谈话对象一开始不同你呼应，那也许是他还有些拘束，也许是他太冷漠，或者反应太迟钝，或者你根本就没有接触到他感兴趣的话题。

在参加聚会之前，如果能够从主人或女主人那里打听到一些客人的情况，一定会对谈话有所帮助。不过，即使如此，也未必能确保别人一定开口，打破矜持的气氛。也许在用餐时，你不得不和一位骆驼般高傲的律师同座，而你想尽方法使他开口却没有办到。那你也不要灰心，接着再试一试。你提到非法越境进入美国的墨西哥人问题，他可能无动于衷。但你谈起用肺呼吸潜水，也许他就很有兴趣。或许，你还可以提起保护环境及计划生育等问题。

奈尔·柯华博士曾经这么说过；"我对于世界的重要性是微乎其微的。但从另一方面来说，我对于自己却是非常重要的。我必须和自己一起工作，一起娱乐，一起分担忧愁，一起享受快乐。"

这是完全正确的，人类总是以自我为中心的。

如果你对这个最基本的人类本性已不再感到震惊，你就会懂得如何调节自己适应谈话了。坦率地说，和对方谈他们感兴趣的话题，实际上对你自己也是有益的，尽管他们所爱好的和你所爱好的可能不尽相同。你可以先满足他的自尊心，然后再满足你自己的自尊心。

这是一种自嘲吗？完全不是。

如果你能够谦恭诚恳地对待你的亲人和朋友，想象着他们对于你有多么重要，你就会发现他们在你生活中的意义的确不容忽视。同时，你还会发现你自己对于他们也变得越来越重要了。我们大家都期望能得到别人的赞扬，而且还会因此更加追求上进。总有一天，你会欣喜地认识到这样一个事实：任何一个看上去有缺陷、不聪明或反复无常的人，其身上都存在着一些美好的东西。

心理分析专家认为，精神病患者一旦开始对别人及其他自我之外的事物产生兴趣，就说明他已经进入康复阶段了。

如果说关注自我到了一定的程度就是疯狂的表现，那么可以说没有一个人绝对正常。然而，我们愈是同他人交往——给予而不是索取，那么我们就会愈接近正常了。除此之外，你还会有一个收益：你越关心别人，别人也就越关心你；你越尊重别人，你也能够受到别人更多的尊重。

如果你能够真正对别人产生兴趣，这种兴趣会自然地溢于言表。你会和他共甘苦，在他需要帮助的时候尽力去帮助他。你将发现别人教给你的东西要远远超过你能教给别人的。

所以，请不要犹豫，尽快传出你手中的球，保持传递，让别人接住，然后再传回来。你传递的技巧越好，这场游戏就越生动有趣。

2. 要简洁而有条理

"不要让你栽种的植物被丛丛杂草所隐没。"老师对学生们这样说。

不懂节制是最恶劣的语言习惯之一。那些说话漫无边际、累赘重复、东拉西扯、废话连篇的人很快就能发现：他们其实只是在自言自语，因为听众早就像《爱丽丝梦游仙境》中的那只小猫一样灵魂出窍了。

亚历山大·史密斯将军在国会中的发言一向以冗长而不着边际著称。有一次，他对政敌亨利·克雷说："先生，你是代表当代发言，而我却是为下一代说话。"克雷这样回答："是的，不过你的发言，听上去好像是看到听众来了以后才匆匆忙忙决定开口似的。"

没有准备的漫谈是不太容易克服的一种语言习惯。

当唐·吉诃德指桑丘·潘沙讲的故事重复太多，条理混杂时，潘沙为自己辩解道："这就是我的同胞讲故事的方式，大人要我改变旧习惯是不公平的。"也许大多数人都对此有些同感。

无论是和一位朋友交谈，还是在数千人的场合演讲，如果说有什么应该用红色标出来的要点，那就是："说话扼要切题"。

那些担任企业行政主管职位的人几乎都认为：在商业场合中，最让人头痛的就是说话不安排条理的习惯。

不知道有多少人的时光都因此被销蚀一空——浪费在那些

信口开河、多余无聊的话题中去了。有一位工程顾问，他的任务是劝说制造商降低生产成本。他发现，有时只用两滴胶水就可以贴好的东西，而人们往往要用五滴以至更多的胶水，而且还需要工人们花费更多的时间去把多余的胶水擦掉。

同样，谈话也往往会有多余之处，一个字就可以说明白的话偏偏要用上整整一行字。特别是那些儿女已经长大成人，空闲时间开始越来越多的女人，她们说话时不惜在种种细枝末节上花费大量的口舌，耗费无数的光阴。

"约翰，"史密斯太太说，"我记得你上次打电话是在星期二的中午11点，因为就在接你的电话前，乔治太太来向我借过面粉。我记得清楚极了，因为她当时穿了一件粉红色的、缀着金色纽扣的衣服，脚上穿着一双平跟咖啡色皮鞋……"

希望这位史密斯太太的言谈不会让你联想到自己。如果你说话的目的是要告诉别人一件事，那就直截了当地说出来，不必扯得太远。

漫无边际的谈话，可能是思路混乱的表现，也可能是委婉曲折地达到目的的手段。不过，对更多人来说，那只不过是一种习惯，纠正这种习惯其实比一个烟鬼戒掉多年的烟瘾要容易得多。

如果你发现自己就有信口开河的习惯，不妨想象你是在花高价打国际长途电话。

有些爱开玩笑的人也是如此，尽管他们的玩笑并不精彩，可他们还是被一股奇特的冲动所驱动，总是想说笑话，其实这种人自己正是真正扼杀谈话效果的人。

一次，某女士与一位住在一公里之外的老朋友相聚。她们有五年没有见面了，因此对这次重逢很重视。结果女友带了一位新丈夫来，这位先生从一开始就独霸了谈话，一个接一个地说着笑话——可并不幽默。而她却在一旁不停地鼓励这位先生继续说下去。她们告别之后，这位女士对她的这位女友五年里的情况和重逢前一样，毫无了解。

在过去的杂技表演中，如果一个节目拖得时间过长，站在幕后监督的人就会用一根很长的、头上带钩的竹竿，钩住那位违禁的演员，把他从舞台上、从观众的视野中拖出去。

3. 要尽量少插嘴

插嘴就是这样一种钩子。但是，不到万不得已，我们最好不要用它。因为这种治病方法有时比疾病本身还更糟糕。

约翰·洛克说过："打断别人说话是最没礼貌的行为。"

假如一个人在津津有味地谈论着一件事，听众们也像围着新娘的女宾一样兴高采烈，而这时你突然插上去一句："喂，这是你到纽约去的那个星期发生的事吗？"

被你打断话的那个人肯定不会对你有好感的。其他的人大概也不会对你有好感。

因此，请记住：

不要用相关的话题打断别人的谈话。

不要用毫无意义地评断扰乱别人的谈话。

不要抢着替别人说话。

不要急于帮助别人讲完故事。

不要为争论一些鸡毛蒜皮的小事而打断别人的正题（这经常发生在夫妻之间）。

总而言之，别轻易插嘴，除非那人说话的时间明显地拖得太长；他的话不再能吸引人，甚至令人昏昏欲睡了；他的话越来越令人不快，他已经引起大家的厌恶。

这时，你要是打断他的话，大家一定反而认为你是做了一件好事。

4. 要避免令人扫兴的话题

可能别人不愿意听你的高谈阔论，诸如自己的健康、食物和菜谱、足球以及你的家庭纠纷之类的话题。

你的健康问题可以跟医生去谈；你的食物和菜谱可以和你妻子谈；关于足球，你可以与球迷谈；至于家庭纠纷，最好不要外扬。

有一位模样精明的律师，在一次聚会中本来可以活跃一下气氛，谈谈最近发生的重要事件。但是，他却花了整整半个钟头给人们讲述他怎样找回了一条失踪的长毛狗。等他讲完之后，人们对他寻狗经过的地方路面有几条裂缝都了如指掌。但所有听众都被他弄得像只长毛狗一样无精打采，颓丧哀叹。

英国前首相丘吉尔就认为不宜总是把孩子的事挂在嘴上。

某次，一位大使对丘吉尔说："首相，你知道，我一次都没有和你说起我的孩子呢。"

丘吉尔拍了拍他的肩膀说："我知道，亲爱的伙伴，为此我应该好好感谢你！"

5. 切忌不要伤害别人

今天的社会常常把良好的礼貌同虚伪混为一谈。如果这个等式能够成立，那么人们对虚伪有更多的话要说。

真正的礼貌绝不是出自虚伪，而是出自于一种"体验"。这一点对演员来说最为重要。它是指你能够设身处地为别人着想，就像自己也身临其境一样。可以说，礼貌就是敏感，是一个人对他人表现出的崇高敬意。你应该对周围的事物保持敏感，当然，不可能做到每一次都感觉正确。但是，你应该去试试。

在一次小范围的聚会里，大家谈起一个城市，于是人们就议论起这城市的交通拥挤、卫生不佳等情况。可是过了一会儿人们才发现，在聚会的人群中有一位是市长秘书。

还有一次，有人向林先生介绍一家大报的记者A君。他看上去引人注目，身着条纹西装，钩扣上还别着一枝红玫瑰，林先生肯定在该报头版新闻栏里看到过他的名字。于是，林先生信口说他是多么倾慕他写的新闻报道。"是吗？"他说。"你是第一个对我这么说的人，因为我是专门写报告的。"这当然是一件失礼的事情。

你的话是否恰当，这要看当时的对象和气氛。

比如谈论时事、赛马、宗教，可能在某些团体中很受欢迎，而在另一些团体中可能就不受欢迎。大选前夕，人们可能普遍情绪激昂，在"代沟"流行的那些日子里，谈论某些年轻人的行为，就可能会引起激烈的反应。

简·柯特说："灵活优雅就是懂得恰如其分。"

除非是和那些喜欢争论的朋友在一起，否则最好还是避开会导致双方发火或争吵的话题。

不要侵犯他人的隐私，调查局也许能这么做，而你却不行。要避开那些有关私生活的事，以及个人的带有刺激性的问题。

人们真感到奇怪，为什么会有那么多动不动就问别人每个月的收入多少？或者是问小姐、女士的年龄多大了？有一个老太太对上面后一个问题有一种绝妙的问答。"你能保密吗？"

老太太反问对方。"当然！"对方回答。"那好，我也能保守秘密。"老太太回答。

如果你刚刚减轻了体重，或者刚戒掉烟瘾，那么对一个胖子或一个老烟枪谈起你是如何做到这一点的，也许是一个很不错的话题。但如果对方已经表现了明显的窘迫和不快，你也就不必坚持把全部细节说完。

还有一点必须记住，不要使用伤害别人感情的字眼，尽管你可能并无恶意。

比如，不优雅的语言应尽量避免。

人终归是人，人具有思想和语言。绝大多数语言错误只是由于缺乏思考或者是无知造成的。对于他人的体谅仍将是人们公认的美德，事实上也的确如此。因为这一点正是衡量人类文明的一个重要准绳。

6. 不要背后诽谤他人

有许多人喜欢在人背后传播一些谣言，而谣言就像冰块一样很容易融化开来。

"说闲话"是指到处闲扯、传播一些无聊的、特别是涉及他人隐私的谎言。换句话说，就是背后对他人品头论足。

这里指的是那种会伤害他人的闲话，并不是指一般的闲谈。有时候闲聊倒是很有趣的，而且人们也很可能在背后谈起他人的长处。但是，有时在背后拍人一掌只是为了看准了哪里好下刀子。不论有意无意，伤害他人的闲话都是不可宽恕的——故意的是卑鄙，无意的则是草率，也就是我们常说的"不自觉"。

传播伤害他人的流言，有时是出于嫉妒、恶意，有时是为了揭示别人不知道的秘密来抬高自己的身价，这些都是不能令人容忍的事情。

在人们的谈话中，有90%的闲聊，许多人闲聊的话题是议论和诽谤别人。多数人都觉得：谈话中如果少了品头论足，就会像掺了水的酒一样淡而无味。人们最大的兴趣除了自己就是别人，这本身并没有什么错。因此，并不是要求你做到闭口不提其他人。但是，一旦你发现自己想要说些不愉快的事情时，建议你立刻默想下面的名言：

"你自己也厌恶的东西，不要把它用到别人身上。"

你可以根据不同情况应用这句名言。如果你对安妮提到莎丽的体重增加了，尽管这是事实，而且她确实应该节制饮食了，但你提及这件事无异于故意打了莎丽一记耳光，这还不如直接打她一记耳光更诚实一些。当然，如果你公开诋毁他人，很可能将自食恶果。

7. 要争论而不要争吵

散文家约瑟夫·阿迪森说："善良的天性比机智更令人愉快。"

只要出自善意，讨论也就和谈话一样。相反，那种怒气冲冲的争吵，一方激烈地攻击另一方，同时拼命地维护自己，这正是良好谈话的大忌。

信念与偏执的区别就在于：信念不需要通过争吵就能阐述清楚。

中国有句谚语："有理不在声高。"

不能说凡是发怒者的观点都是错误的，而说他根本不懂如何表述自己的看法。讨论的原则是：运用无可辩驳的事实及从容镇定的语调，努力不让对方厌烦，不迫使对方沉默而达到说服对方的目的。

保持冷静、理智和幽默感。只要你能够听他说，他也愿意听你讲。如果我们能让自己专注于问题的讨论，而不是引向感情用事或固执己见，那么讨论就不至于成为争吵。

如果我们的声音渐渐提高，说出"我认为这种想法愚蠢透顶！"这样的话，就是一种伤害他人的反驳了。这时，旁观者焦虑不安，朋友们躲到树后去，也就不足为奇了。为了赢得一场争吵而失去了一位朋友，实在是得不偿失的事情。

争吵会使人分离，而讨论能使人们结合在一起。

争吵是野蛮的，而讨论却是文明的。

有些时候，争论乃至争吵是不可避免的。即使在朋友或夫妻间也难免发生口角，但裂痕却可能隐藏起来。家庭中的情感宣泄有时可能有助于打破沉闷的空气，就像一场雷雨能把暑气一扫而光一样。然而即使如此，争吵以及弥合也最好在私下中进行。

有一位朋友参加了一个午餐俱乐部，他们交谈的话题涉及面很广，产生意见分歧是每天的家常便饭。

通常的情况是，某位成员对问题做出了正确的回答。于是，话题就转移到其他方面去了。偶尔，问题暂时无法在餐桌上得到解决，就在下次聚餐时解决。

8. 要能容纳他人

在谈话中，排斥冷落他人就像宴会中的女主人忘记给某位来宾上菜一样，是不可容忍的事情。

如果不注意，多数人都很容易忽略坐在角落里的沉默寡言的人，而只是对着自己感兴趣的听众和那些有吸引力的健谈者大谈特谈。我们总是希望能给宴会中的重要人物留下深刻的印象。然而，你是否愿意自己也体会一下被人冷落的滋味？而且说不定那个被人冷落的人其实正是你应该注意的目标呢？

所以，我们不应该忽略任何一个平凡普通的人，和他们打交道，让自己的目光真诚友好地和每个人交流，注意大家对你言谈的反应。

有一位律师，他总是在一群人当中只对其中的一个人讲话，他谈笑风生，但仅仅对一个听众。而其他人实际上统统被他抛在脑后了。

在大多数社交场合中，总会有一些人，或至少有一位与群体格格不入的人。他可能从外表到举止都像是一个局外人，因而也就常常被别人排斥在外，不管他看上去多么枯燥无味，你也不应该这样对待他。我们每个人都会在某个时期感到自己是一个局外人，因此应该设身处地地替那个受到冷落的人着想，要让他感到自在，要让他参加进来！

美言一句三冬暖

自己不可能称赞自己，但对于别人，你却不可吝啬你的称赞。称赞是欣赏，是感谢，是对别人表示敬意。称赞给人的喜悦是无可比拟的。

一副冷漠的面孔和一张缺乏热情的嘴是最使人失望的。

怎样称赞别人呢？说话的时候最要紧的还是热诚。一两句敷衍的话，立刻让人发觉你的虚伪。所以每当你称赞别人的时候，不可仅从大处着眼，要从小处发挥，缺乏热诚的人是不会注意到小节的。

"你的文章写得好极了，"光这样说是不够的，确实有点敷衍。如果你加上一句"能够使年轻人读了更加奋发"，那么效果就完全两样了。同样，仅说"你的衣服真漂亮"，也是不够的。为了博得对方更大的欢心，你必须再具体说出这衣服怎么漂亮。例如具体说这衣服色彩配得好，图案很好看，或式样大方美观等等，均无不可。

聪明而热诚的人对于说一句赞美话，必定是用最深的欣赏情绪说出来。"你的琴弹得太动人了，使我想起了我的家乡那黄昏牧归时微风吹落叶的情景。"要是你听到这样的一句话，你将会如何地感动呢？诚然，这样的话也许你觉得不容易说，因为这需要想象力，更需要真诚的热情。但你只要能够对别人的事情有充分的诚意去欣赏，则这样的一句赞美话是任何人都会说出来的。最美丽动听的赞美词，应该发自内心的深处，当人们充满了热情的时候，即使一个农夫也必定会说出最动人的话。

每个人都喜欢受到别人的称赞，无论六岁的小孩或六十岁的老叟都是如此。人们尤其喜欢将自己和别人比较，希望比别人好一点。所以有比较性的赞美话也是人们常常挂在嘴边的。选美也要讲究方式和技巧。比如说：甲和乙两人以不同的价钱买了两件完全一样的游泳衣，而乙所买的比甲买的价钱便宜，因此，乙一定觉得很得意。当着另一个人的面，你提起两件游泳衣的事，如果你说："甲是吃亏了，他花的钱比你花的钱贵得多"，那倒不如说："你买的比他买的便宜多了"。为什么呢？因为前者只不过是表示出甲的愚蠢，而后者则表示对方精明。所以，下一次你称赞一个人时，你要说："你比某某做得好"，而不要说："某某比你做得差"。

1. 感谢话要出自真诚

前面我们谈了赞赏的运用方法，现在我们再来谈谈感谢话的运用。

譬如说，有人送你一只花瓶，你说一句感谢话自然是必需的。称谢的同时再加以对花瓶的称赞，赠者必定更高兴。"这花瓶的式样很好，摆在我的书桌上是再合适不过了。"称赞中隐寓对方的选择得宜，他听来一定更高兴，说不定他下次还有另外一件东西送给你呢！

"好极了，这张唱片我早就想买了，想不到你却送来了。"如果真是你渴望了许久的东西，你应该立即告诉送给你的人。

"对我来说这收音机再合适不过了，以后每天我们都可以有一个喻快的下午了。"直接把你打算如何使用这礼物说出来，是一个很好的赞美方法。

"我从来不曾有过这么漂亮的手帕！"把最大的尊荣给赠者，他一定会感到很高兴的。

感谢和称赞，是有密切的连带关系的。"承蒙你的帮助，我非常感谢。"这仅仅是感谢，如果再加上几句："要不是靠你的帮助，而是靠另外一个人，一定不会有这么好的结果的。"加上了这样一句话，就觉得完善多了。

有些人接受了别人的帮助，因为未能十全十美，就表示埋怨；或接受了别人的礼物还说些吹毛求疵的话，那不仅是不懂得谈话的艺术，而且简直是太不近人情了。

2. 能增加效率的说法

要想让孩子学好，与其用严肃的教训，或者用严厉的责备，不如用赞美来鼓励。

"你的字写得真好！"这样对你的孩子说，他下一次写得一定更好。这种方法同样适用于对待你的部属，以至你的丈夫或妻子。

以赞美来鼓励、激起了他的自尊心，为了永保自己的自尊心，他一定常常努力做得更好。这就是说，要他自己督促自己比起别人督促他效果好得多。

有些人从来不懂这种妙处，他以为要一个人做好，只有鞭策他，或者不停地督促他就可以达到这个目的。他不明白人的特性之一就是喜欢独来独往，高兴自己主动地、无拘束地做事情，而不愿意被动地做事情。你若在旁边督促他，他反觉得是侮辱，因为他不高兴受支配。并且，即使他听从了你的话去做，也怕你不仅不赞美他，反而说成是你督促的结果。一个人在别人的督促之下做事总是不太努力，就是这个原因。

然而赞美就不同了，当你赞美他的时候，他觉得一切都是主动做的，他很为自己的成绩而自豪。只要他不是一个不求上进的人，他一定会更努力地去工作，而且还会认为他的继续努力也是主动的。同样以鼓励为目的，但说话不同，效果就会两样。所以，当你想鼓励你身旁的人时，不可老是站在长者的立场来严厉教训他，而应该抓住一点点值得你称赞之处，以赞扬来鼓励。这样的话，你一定会得到满意的收获。

某人刚刚参加工作，在某公司做职员，有一天，公司总经理对他说："公司对你的工作很满意，你安心努力干下去吧！"他觉得这句话比他后来加工资时还感到高兴。

许多做经理的人永远也不会对他的下属说一句赞扬的话，只是整天不断地板起面孔来督促人，以致公司里显得暮气沉沉，毫无活泼的气氛。因为大家满肚子里都是闷气，他们从来就听不到一句使他们高兴的话。只要做错了一点事情就会挨骂，这样的一个公司，决不会有什么发展的。一所办得很好的学校，校长和老师们都一定是懂得用赞美去鼓励学生的人；一个贤明的父母也会诱导他们的儿女；一个卓越的主管也一定会用这一方法去指挥他的下属。

3. 两种不同的效果

据说有甲乙两个猎人，各猎得两只野兔回来。甲的妻子看到丈夫回来，冷冰冰地说："只打到两只吗？"甲猎人心中不悦，"你以为很容易打到吗？"他心里如此埋怨着。第二天他故意空手回来，好让妻子知道打猎不是像她想象的那么容易。

乙猎人所遇到的恰恰相反，他的妻子看见他带回来了两只野兔，就欢天喜地地说："你真了不起，竟然猎回来两只野兔！"乙猎人听了，心中暗喜，"两只算得了什么？"他高兴而又带点自傲地回答了他的妻子。第二天他竟打回了四只野兔！

信不信由你，故事也许是虚构，但这却是常情。

心灵才能舌巧

有人说过："人们有着一颗快乐的心，胜于任何灵丹妙药，可以治疗心理上的百病。"

机智和幽默如果运用得当，是可以给人们带来欢乐，并在危急的时刻化险为夷的。

机智是以智力为基础。凭着机智可以把通常不相关的事情，巧妙地联系在一起。它可以在文句上搬弄花样，但是不一定会使人发笑。

至于幽默，和机智是不相同的。幽默所构成的条件，并不是字眼方面的玄虚。所谓幽默是得体的自我玩笑。譬如，一个人头上戴着呢帽，鼻上架着眼镜，走起路来神气活现。不料正在自鸣得意的时候，脚底下踩了一块西瓜皮，一滑倒，两脚朝天。这样的事情当然是可笑的，因为他本来的威风和跌倒后的狼狈样正好形成了一个对比。反过来说，他如果是个衣衫褴褛的穷人，一副可怜样，跌倒就不会引起人们注意，因此也就无所谓可笑了。

幽默与机智，在交际上可以压倒别人，显示出你的聪明才智，也可以引起别人的兴趣，并可以缓和紧张的气氛，使大家快乐。

用机智和幽默去鼓起他人的兴致，别人对你将会十分感激。你说一句笑话可以像一缕阳光似的驱散浓重的乌云，一切怀疑、郁闷、恐惧都会在一句恰当的笑话中烟消云散。

1. 名家的幽默

机智运用得法，可以使一个敌对的人哑口无言，也许还可以解除尴尬的局面，赢得别人的鼓掌喝彩。这里举一则有名的笑话，足以看出幽默大师马克·吐温的机智。

马克·吐温去拜访法国名人波盖，波盖取笑美国的历史太短："美国人无事的时候，往往爱想念他的祖先，可是一想到他的祖父那一代，便不得不停止了。"马克·吐温以充满诙谐的语句说："当法国人无事的时候，总是尽力想找出究竟谁是他的父亲。"

这一类的机智是十分敏感的，不是一般人都会运用，因为它可以把一粒火星煽动成白炽的怒焰。你和对方争辩的结果，不是全面胜利，就是一败涂地。所以，除非是必要的时候，不要随便拿出来试试。

幽默是有区别的，有些是文雅的，有些则暗藏杀机；有些是高尚的，而有些则是庸俗的。庸俗的幽默如同讥笑，往往一句普通的讥讽话便会使人当场丢脸，反目不悦。所以，说幽默话应当选择高尚、文明的才对。

一味地说俏皮话，无节制的幽默，其结果反而变得不幽默。譬如，你把一个笑话反复讲了三遍、五遍，起初人家还以为你很风趣，到后来听厌了之后便不会觉得有趣。

如果你想使别人对你保持着端庄高雅的印象，那么你就要避免说幽默话。说幽默话时要注意自己的身份、场合和对象，有时可以说，而有时却不能说。

说笑也要注意，有时也会使人感到不高兴的。其原因是说得不是地方和时间不恰当。譬如大家聚精会神地在研究一个问题，而你忽然在这里插进一句毫无关系的笑话，这不但不引人发笑，也许还会自讨没趣。

如果你的幽默含有批评的意味，或带有恶意的攻击，那么，这些话你还是不说为好。

2. 幽默有感觉

和他人建立人际关系，为防止相互之间的关系恶化，应与别人保持适当的距离，且以温和的态度对待他。这个意义上，当谈话或讨论无法顺利进行时，幽默感实在是打破僵局的最佳利器。

尤其是和女性交谈时，幽默感更不可缺少。一个风趣的男子，会比道貌岸然的男子更能讨女性的欢心。

一个女孩子在赴约的时候迟到了，如果你是她的男友，你会怎么说？

她说："对不起，因路上车挤，所以……"

他说："哦，没关系，我刚才正好看完《约会成功法》这本书，书上说，女朋友迟到正是考验自己耐性的大好机会。"

当然，他并没有看任何书，只是适当地找些话，让对方会心一笑而已。这样一来，他的女友自然会觉得不好意思，并设法来表示歉意。此时，如果拿出绅士的姿态来面对迟到的女友，其效果反而不如幽默的对白。对于具有幽默感，且能以温和的方式适时指正别人的人，必定处处受到欢迎。

一般而言，中国人较欠缺幽默感。而欧美等国的人由于生活上的需要，必须与陌生人建立人际关系，因此大多数人都具有幽默感。如今的社会已不同以往了，幽默感正是人与人之间沟通的智慧。

幽默感可以通过训练而得到，只要有心让会谈在愉快的气氛中进行，任何事物都可拿来"借题发挥"。

A："哟！是什么风把你吹来的？瞧你居然还买得起这么好的皮鞋！"

B："不得已啊！我怕会'露出马脚'。"

要制造谈话的机会，幽默感也是绝不可缺少的。贸然向他人搭讪，会使人觉得紧张不安。

如果有一天，你突然对一位女同事说："张小姐，你今天好漂亮哦！"由于突然听你这么说，对方必定会满腹狐疑地认为你"话中有话"。

那么，你不妨改用以下的说法试试。"张小姐，一看到你，我就想起我家院子里的花，我觉得今天的花开得特别娇艳。有人说女性是'办公室之花'，然而，像你这么能干的'花'实在不多见。"

即使是赞美别人，也要有幽默感。否则对方会感觉有心理负担。最好的证明是，一般人都会认为要赞美自己所深爱的人，是件很困难的事。与其赞美，不如诉说爱情的告白。如果对方对你也有同样的热情，而你却以极不幽默的口气夸奖、赞美对方，只会让对方觉得你是个不懂情调的人而已。

拒绝的艺术

如果你在工作时间，或是在你正想休息一下的时候，却有一个人前来缠住你，唠叨不休地向你借钱；要求给他谋一份职业；请你帮他一个忙；一定要你答应他的要求；或者购买他的产品……但是你无法满足他的要求时，有没有办法避免这些多余的困扰呢？这就要看你有没有婉言拒绝的本事了。

拒绝别人也是有讲究的。拒绝得法，对方便心甘情愿；如果拒绝不得法，会使人感到不满，甚至对你怀恨在心。

现在我们来研究一下拒绝的艺术。

一位朋友曾说过这样的事：

"近来有许多推销员登门入室兜售物品。这些人口齿伶俐。对你缠绕不休，一个个都有一套让你非买他的东西不可的本事。我这种人实在是应付不了。"

"你可以拒绝呀！"另一位朋友对他说。

"拒绝也不是一件容易的事啊！"他说："那些推销员根本不把你的拒绝放在眼里。他们有一套激起你兴趣的方法，吸引你注意，挑动你的购买欲望，使你最终买下他的东西。许多人因为不知道如何拒绝而买下他的东西。"

这位朋友的话也许过分夸张了一些。一般来说，你如果被那些推销员困扰，坚决说一个"不"字，他们是毫无办法的，这难道不是个简单的办法吗？

事实和我们想象的总会有些不同，虽然你硬着头皮说个"不"字，有时竟会出现你意想不到的结果。

有一次，一家保险公司的所谓"外勤员"到一位编辑的办公室来谈销售生意，整整谈了一个上午，这位编辑始终用一个"不"字来拒绝，结果那位"外勤员"只好怏怏退出了。

几天之后，这位编辑的同事来告诉他，一个胖胖的年轻人在外面口口声声地在破坏他名声。这位编辑非常惊奇，因为在工作中或工作以外他并没有得罪人。直到同事说那个年轻人的下巴上有颗痣，这才恍然大悟。原来是那天被他拒绝的那个"外勤员"。

拒绝人家不得方法，实在会带来很多麻烦。例如一个素行不良的朋友来向你借钱，你明知道把钱借给他就像肉包子打狗一样有去无回；一个相识的商人向你推销商品，你明知买下了就会亏本……诸如此类的事你必定加以拒绝。可是拒绝之后，就有可能断绝交情，引人恶感，被人误会，甚至埋下仇恨的祸根。

要避免这种事情发生，唯一的方法是要运用聪明智慧。学习这种拒绝的方法要注意下列几项原则：

你应该向对方解释拒绝的理由。

拒绝的言辞最好用坚决果断的暗示，不可含糊不清。

不要把责任全推到对方身上。

注意不伤害他的自尊心，否则会迁怒于人。

让对方明白你的拒绝是迫不得已，并表示抱歉。

有时为了拒绝别人，含糊其词地去推托："对不起，这件事情我实在不能决定，我必须去问问我的父母。"或者是"让我和孩子商量商量，决定了再答复你吧。"

但是，这种方法太不干脆了。有些人可能认为这是拒绝的好办法，既不伤害朋友的感情，又可以使朋友体谅你的难处。但这种敷衍的结果，对方会再三来缠扰你。当他终于发觉这是你的拒绝，以前的话全是敷衍、骗人的推托之词时，不但会使他怨恨你，而且也暴露了你致命的弱点：懦弱和虚伪。

如果换一种情况，你的上司或主管对一项措施征求你的意见时，你居于责任的缘故，必须表明你是反对还是赞成时，你又该怎么办呢？

让我们来举一个例子：

美国一家贸易公司的经理设计了一个商标，开会征求各部门的意见。

经理报告说："这个商标的主题是旭日，象征希望和光明。同时，这个旭日很像日本的国旗，日本人看了一定会购买我们的产品的。"

尽管他征求各部门主任的意见。营业部主任和广告部主任都极力恭维经理构思的高明。最后轮到代理出口部主任的青年职员发表意见时，他说：

"我不同意这个商标。"全室的人都瞪大了眼睛看着他。

"怎么？你不喜欢这个设计？"经理吃惊地问他。

"我是不喜欢这个商标。"年轻人直率地回答。其实从艺术的观点来说，这位年轻人的确有点讨厌那个红圈圈，他明白和经理辩论审美观是得不到什么效果的，所以他只是说："我恐怕它太好了。"

经理站了起来，说，"这倒使我不懂了，你解释一下看看。"

"这个设计鲜明而生动自然是毫无疑问的，因为与日本的国旗相似，无论哪个日本人都会喜欢的。"

"是啊，我的意思正是如此，这我刚才已经说过了。"经理有些不耐烦地说。

"然而，我们在远东还有一个重要市场，那就是华人社会，如中国（包括香港）及东南亚国家，这些国家和地区的人们看到这个商标，也会想到日本的国旗。尽管日本人喜欢这个商标，但是由于历史的原因，这些国家和地区的人们就不一定喜欢，甚至可能产生反感。这就是说，他们不愿意买我们的产品，这不是因小失大了吗？照本公司的营业计划，是要扩大对中国和东南亚国家及地区贸易的，但用这样一个商标，结果是可想而知的"。

"天啊！我怎么没有想到这一点，你的意思对极了！"经理几乎叫了起来。

这位年轻人如果也是和其他人一样地对经理唯命是从，让旭日做成商标，将来产品推销到远东之后，生意清淡，存货退回，那时即使意识到其原因是商标问题，也无可挽回了。况且那位代理出口部出席那次会议的青年职员能推卸责任吗？

要向一位有权威的人表示反对意见或拒绝，你必须要有充分的理由，更要说得使他完全信服。因此，技巧的运用不能不讲究。你看上述例子中，那位青年一句"我恐怕它太好了"这样的恭维话，先满足了经理的自尊心，同时也不会使他产生不悦。然后，你再陈述充分的理由，经理也就不会因此而觉得难堪了。

记住：不要损伤了他人的自尊心，不要使他人感到对你低一截。你虽然拒绝了他，还是让他自己仍然觉得自满和得意吧！

最好的效果

有时候，你对家人、对朋友，觉得有许多话不得不说。可是说了，把感情伤害了，把事情弄糟了。于是你就引用一句中国古话，替自己解释，说什么"良药苦口，忠言逆耳"。

其实，良药未必苦口，忠言也未必逆耳。把良药弄成苦口，以致病人怕吃，这是医学不发达的现象；把忠言弄得逆耳，以致别人不能接受，这是说话的人对口才不加研究的结果。

我们都有这样的感受，我们并不是不愿听别人的批评，也不是不能接受批评，有时，我们还真希望有人来指点指点，或者是请教别人。

我们做了事情，说了话，写了文章，自己不放心，不敢下判断，这时候我们何尝不希望有人出来告诉我们哪点好，哪点不好。有的时候，我们会遇到一个人，一个朋友，或是一位先生，因为他们能够忠实地、大胆地指出我们的许多错误，正因为如此，我们就敬佩他、感激他，甚至永世不忘。

可是为什么也有些批评和忠告我们不爱听，我们听了就难受、就气愤，甚至感到自己的自尊心、自信心都受到了损伤？我们还会感到受了委屈、诬蔑以及侮辱。

我们自己觉得我们并不是不欢迎批评、不接受批评的人，然而，我们又被人指责，说我们不欢迎批评、不接受批评。

当我们年纪渐渐地大了一点，经验渐渐地多了一点，事情看得清楚了一点，我们就会发现，说我们喜欢别人批评，能够接受别人批评是对的；说我们不喜欢别人批评，不接受别人批评也是对的。

我们来回想一下，什么人，在什么情况下批评我们，甚至是非常严厉地批评，我们就会点头接受，并且心悦诚服；而什么人，在什么情况下即使碰我们一根毫毛，我们也会跳起来反驳。

当你仔细分析和比较之后，你就会发现，在二者之间有一根本的不同点。这一根本上的不同点，就是别人对我们的同情与了解的程度深刻与否。

我们始终欢迎的是那些了解我们，而又非常同情我们的人，欢迎他们对我们明白透彻而又充满温暖和热忱的批评。没有人会不愿意接受这种措辞良好的批评的。一般来说，在这一点上别人也和我们一样。

苦口的良药和不苦口的良药放在一起，每一个人都会选择不苦口的良药的。

逆耳的忠告和悦耳的忠告比较起来，悦耳的忠告也永远是占上风的。

1. 糖衣的作用

现代医学越来越进步，苦口的良药大概也渐渐被淘汰了。然而，仍有一些良药是苦口的，在苦口的良药外面大多也都包有一层"胶囊"或"糖衣"。

而我们在逆耳的忠告外面，也一样应该加一层"糖衣"。这"糖衣"是同情和了解、温暖和热忱。

其实，用糖衣来形容同情和了解是很不恰当的。糖衣虽然是甜的，但糖衣底下仍然是苦的。把苦药放在口里多嚼一会儿，待糖衣被融化了以后，里面仍然是苦得使你要把它吐出来的良药。

而对人的同情、了解与忠言，绝不同于糖衣和苦药的关系。糖衣与苦药是一种表面的关系，而同情、了解与忠告，却是融合在一起的。同情与了解是我们忠言的根本，是我们忠言的核心。

我们的忠言，也就是我们的口才，这是基于对人的同情和了解的。我们的忠言，别人听了以后，听进耳里，记在心上，咀嚼得越透，研究得越深，别人就越觉得我们对他了解得非常透，越觉得我们对他的同情非常之深。

一种苦味的药丸，外面裹着糖衣，使人感到甜味，容易一口吞下肚子里去了。于是，药物进入胃肠，药性发生了效用，疾病也就治好了。我们要对人说规劝的话，在未说以前，先给人家一番赞誉，使人先尝一点甜头，然后你再说规劝的话，人家也就容易接受了。

有一天某机关王主任对他的女打字员说："你今天穿了这么一件漂亮的衣服，更显出你的美丽来了。"那位打字员突然听到主任对她这样夸奖，受宠若惊，脸孔都红起来了。于是王主任接下去又说道："可是，我要告诉你，我说这话的目的是要使你的心里高兴，我希望你今后打字的时候，对标点符号应该注意一些才好。"

王主任这样说话，未免太露骨了一些，然而他这种方法倒是很值得我们借鉴的。如果不这么说，而直接批评打字员，叫她对标点符号要特别注意，她心里就会觉得今天受了上司的责备，并感到十分羞愧，她也许为此有好几天都不愉快。她也许还要为自己辩护，说她自己是很小心的，因为原稿上有错误或是不太清楚的地方，所以她不能负这个错误的全部责任。这样一来，王主任的规劝不但未起效果，说不定还会由此惹来一些麻烦呢！

2. 给人家留点面子

土耳其的开国元勋凯威尔为求土耳其的独立与解放，进行了不懈的斗争。他亲自率领大军，身先士卒，终于获得了最后胜利。当时有两个敌军的败将，被迫到凯威尔的司令部去请降，他们沿途备受土耳其人民的辱骂。可是他们和凯威尔将军会见之后，凯威尔竟无骄傲轻视的态度，反而上前去握手问好，并且很谦逊地说："胜败乃兵家常事，许多名将，碰到运气不好，往往很容易吃一场败仗，所以请两位不要悲伤。"

这就是凯威尔不愿意使人过分难堪，给人保留面子的一种方法。"己所不欲，勿施于人"，我们在劝导别人之前，自己必须得先来想一下，假如别人对自己这样劝导，你会怎样呢？当我们事先这样细想之后，就知道当众指责别人是不明智的。即使只有两人在一起，没有第三者在场，你指责他，他也不会服气的。所以，我们即使不是当着众人的面，也应该注意规劝的言辞，也必须口气委婉，务使对方不过分难堪，这样才能真正达到规劝的目的。

邵先生在工商界是赫赫有名的。据说他从不用命令式的口吻向别人说话。他要人家遵照他的意思去工作时，总是用商量的口气去说。譬如人家说："我叫你这么做，你就这么做。"他就不这么说，而是用商量的口气说："你看这样做好不好呢？"假如他要他的秘书写一封信，他把大意和要点讲了之后，再问一下秘书："你看这样写是不是妥当？"等秘书写好请他过目，他看后觉得还有要修改的地方，他又会说："如果这样写，你看是不是更好一些。"他虽然处于发号施令的地位，可是他懂得人家是不爱听命令的，所以不用命令的口气。

盛夏的中午，工人们正休息着，一位监工走过去把大家臭骂一顿，说是拿了工资不该在此偷懒！工人们畏怕监工，当然是立即站起来工作去了。可是当监工一走，他们便又停下来休息了。如果那位监工上前和颜悦色地说："今天天气真热，坐着休息还是不停地流汗，这怎么办呢？朋友，现在这项工程很重要，已到了关键时刻，我们忍耐一下赶一赶好吗？我们早一点做完了，早一点回去洗一个澡休息一下，你们看怎么样？"相信工人们会一声不响地自觉自愿地去工作了。

话中短长

1. 说话七忌

通过交谈而建立友谊是不容易的，而想要引来灾祸却是唾手可得。所以聪明的人对人总是唯唯诺诺，可以不开口时，便三缄其口。比方你对他说起别人的隐私，他本身有些秘密唯恐别人知道，而你却无意之中点中了他的隐私。言者无心，听者有意，他会认为你是有意揭露他的隐私，心中顿感不悦。这是说话的第一忌。

某人做了一件事，因为他是别有用心，所以竭力掩饰自己，以防别人发觉。如果被人知道，那对他是很不利的。如果你与他素有交往，彼此比较熟悉，对他的用心知之甚深，他虽不能断定你一定明白，但总是对你有些提防。你处在这样的境地，既无法向他表白你并不知道，也无法表明你决不泄露，那么你将如何处理呢？大概你唯一的办法只是装聋作哑，绝口不提此事。这是说话的第二忌。

别人有秘密企图，你却参与此事。你为他出主意，从乐观方面说你是他的心腹，从悲观方面说你又是他的心腹之患。你虽谨守秘密，从不提及此事，不料别人猜到了其中秘密，并泄露于外，那么你是无法辩白你没有泄露。在他看来，你是最大的嫌疑。在此情况下，你只有设法亲近他，表示你决无二心，同时设法查出泄露的人。这是说话的第三忌。

别人对你并不十分了解，并不十分信任，你却偏偏竭力讨好他，为他出主意、想办法。他如果采纳了你的意见，而实行的结果并不理想，他一定疑心你是有意捉弄他，使他上当。即使实行的结果很好，也未必对你会有好感。以为你是偶然想到的，实行又不是靠你，怎么能算是你的功劳？所以你还是不说话为好。这是说话的第四忌。

别人有过失被你知道了，你不惜直言相劝，认为他做得不对。他本觉得内疚，生怕别人知道后自己的面子不好看，而你却去揭破他，自然令他十分难堪，并往往由此产生怨恨，由怨恨而与你发生冲突。所以，你还是不说为好。即使劝告，也应以婉转为宜。这是说话的第五忌。

如果你上司的成功是由于你帮了他的忙，你的上司会深恐好名誉被你抢去，内心里自然会惴惴不安。你明白这种心理，就应该到处宣扬，逢人便说这是上司的领导有方、是上司的远见，一点也不要透露你有什么本事。这是说话的第六忌。

别人力所不能及的事，而你认为他能够办到而强迫他去做；别人认为能做的事，并已开始工作，而你认为他办不到，强迫他中止这件事，这都是强人所难，不通人情。你认为朋友或下属哪件事该做哪件事不该做，你应该进言相劝，说明道理，使他自己认识到这一点，这才是上策。即使他不听劝告，你也只能相机而行，适可而止，不能遇事强求，徒伤感情。这是第七忌。

2. 人们常犯的"语病"

有些人谈话风度虽然很好，但是在他的语言中掺杂了无意义的"杂音"。例如鼻子总是哼一哼；或是喉咙像老是不通畅一样，轻轻地咳着；或者是在每句话的开头常用一个拖长的"唉"声，好像每一句都要犹豫一阵子才能讲出来；还有的人每说完一句，总要加一个"啊"，好像每一句话都生怕别人没听清楚似的。

诸如此类的杂音都要加以清除，这些杂音使你本来很好的语言如同玻璃上蒙了一层灰一样，大大减少了它原有的光彩。

有些人喜欢在谈话中用过多不相干不必要的套话，例如在什么地方都加上一句"自然啦"或"当然啦"这类词句；也有些人喜欢加上太多的"坦白地讲""老实说"等词句；有些人老喜欢问别人"你明白了吗？""你听清楚了吗？"有些人喜欢说："你说是不是？""你觉得怎么样？"也有些人习惯性地在每句话的句尾加上一句"我给你讲"等，你说这可笑不可笑？

某人在上中学时，有一位新来的老师向同学们讲话，开头第一句话就是："不过我今天来……"，以后，到处都是"不过"。

像这一类的小毛病，可能你平时一点也不觉得，要问一问你的朋友，请他们替你注意一下，多提醒你几次，你就能改正了。

有人特别爱用某些词来表达众多的意思，也不管这个词本身有没有那么多的含义。

例如有人喜欢用"伟大"这个词，于是乎在他的话中，什么都伟大起来了。"你真太伟大了！""这文章太伟大了！""今天看了一部伟大的电影""这批货卖了一个伟大的价钱！"

最妙的是有一个朋友喜欢用"那个"代表一切形容词。你听听他说的是什么意思吧：

"今天太那个了！"

"他这个人很那个，是不是？"

"我觉得这件事未免有点那个。"

"……"

这一类的毛病大概是由于太偷懒，不肯动脑筋想一个形容词的缘故吧！

要多记一些词汇，才能生动和恰当地表达你的思想。

在"好"这个概念之下，有"精彩""优美""善良""出色""美丽""愉快""呱呱叫"……以及许多其他的表现方法，不要那么简单地说："他是一个好人""这个茶杯 很好""这本书写得太好了"……

"他是一个好人"，不错，可是他是怎么个好法呢？从最伟大的人，到普普通通、没有犯大错误的人都可以说是个好人。他可以是一个心地善良的人；他也可以是一个服务热心的人；他可以是一个老老实实的人；他可以是一个力求上进的人；他可以是一个劫富济贫的人；他还可以是一个拾金不昧的人……到底他是一个什么样子的好人呢？同样，你说："这个茶杯很好"是"样子"好，是"颜色"好，还是"质料"好，还是"价格便宜"，或是"最合你的需要"……

一个口才好的人，说的话精致而细腻，丰富而活泼。不要像三岁小孩子那样，翻来覆去只有那么几个极简单的字："我跑到门外边，猫看见我就跑到树上，树上的鸟儿都跑开了，树上的苹果也跑到地上来了……"

3. 说话不要太琐碎

有些人喜欢叙述自己的亲身经历。自己的亲身经历讲起来最精彩、最生动。许多人都喜欢听别人讲他自己的亲身经历。在新闻报道中，"目击者"和"当事人"的叙述也是最吸引人的。有很多人把亲身经历编成小说，拥有众多的读者，甚至改编成电影也很卖座。

可是并不是每一个人都会讲故事，所以当许多人讲述自己经历的时候，自己一味地起劲，对自己所经历的，样样都觉得很有味道，样样都觉得非讲不可。其结果，反而使听众茫无头绪，索然无味。这究竟是犯了什么毛病呢？

在这种场合，最容易犯的毛病有两点：

一是引用的对话太多。例如，你说你见了什么人，以下就是"他说……""后来我又说……""他又说……""那么我就说……""他的太太这时候就说……""所以我说……"。像这样"我说""他说""他们说"，听的人一下子就被你搞糊涂了。

二是你讲了许多不必要的细节。例如，你说："我到一家理发店去理发，在××街和××街的转角处，门牌是435号，××街正在修马路。我记得这家理发店是五年前开的……"讲了一大套，别人还不知道你到底想说什么。其实你所讲的这些都是多余的。你要说的是你走进一家理发店去理发，有一个理发师是你大学的同学，他为什么做起理发这一行呢？这才是你想说的话题。

讲故事比起写故事来更难一些，抓住要点，吸引别人的注意力，引起对方的浓厚兴趣是讲故事的基本技巧。在讲故事的过程中，少用对话，节奏要快一点，在重要的地方，讲得要详细一点，其他地方则可以用一两句交代一下就行了。

讲故事的能力，对口才训练是很有帮助的。即使你不具备讲故事的能力，也能使你的谈吐更生动有趣。

放弃执拗

有些人喜欢抬杠，搭上话就针锋相对，无论别人说什么，他总要加以反驳，其实他自己一点主见也没有。不过当你说"是"时，他一定要说"否"；到你说"否"的时候，他又说"是"了。这是一种极坏的习惯，事事要占上风。

即使你真的比别人见识多，也不应该以这种态度去和别人说话。你简直不为别人留一点余地，好像要把他逼得无路可走才心满意足。相信你并没有想到这一层，但实际上你却是这样做的。这种不良习惯使你自绝于朋友和同事，没有人愿意给你提意见或建议，更不敢向你提一点忠告。你本来是一个很好的人，但不幸你染上了这种习惯，朋友、同事们都会远离你。

唯一改善的方法是养成尊重别人的习惯。首先你要明白，在日常谈论中，你的意见未必是正确的，而别人的意见也未必就是错误的。把双方的意见综合起来，你最多有一半是对的。那么，你为什么每次都要反驳别人呢？

大概有这种坏习惯的人当中，聪明者居多，或者是些自作聪明的人。也许他太热心，想从自己的思想中提出更高超的见解，他以为这样可以使人敬佩自己，但事实上完全错了。一些平凡的事情，没有必要费心作高深的研究。至于我们平常谈话的目的，是消遣多于研究。既然不是在研究讨论问题，又何必在一些琐碎的事情上固执己见呢？另外有一点你也应该注意，那就是在轻松的谈话中不可太认真了。

别人和你谈话，他根本没有准备请你说教，大家说说笑笑罢了。你若要硬作聪明，拿出更高超的见解（即便是高超的见解），对方也绝不会乐意接受的。所以，你不可以随时提出，像要教训别人的神气。

当你的同事向你提出建议时，你若不能立刻表示赞同，但起码要表示可以考虑，不可马上反驳。假如你的朋友和你谈天，那你更应注意，太多的执拗能把有趣的生活变得枯燥乏味。

如果别人真的犯了错误，而又不接受批评或劝告时，你不要急于求成，不妨往后退一步，把时间延长一些，隔几天再谈；否则，大家固执不但不能解决问题，反而伤害了感情。

因此，你千万要谦虚一些，随时考虑别人的意见，不要做一个固执的人，这才能让人们都觉得你是一个可以交谈的人。

大量事实说明，人们谈话都有一个目的：想知道别人对某件事的看法是否和自己相同。他们希望别人也能和自己一样对某件事情有相同的看法。

如果双方的意见一致，你会感到一种同情的安慰；如果发现双方的意见有差异，你也会感到这是一种刺激，因而引起双方的争论。

因此，当你听到别人的意见和你一样时，你要立刻表示赞同。不要以为这样做会被人认为你是随声附和，因而就不吭声了。不吭声，虽然不会被人误解为随声附和，却也容易使人认为你并不同意。

同样，当你听到别人的意见和你不一致时，你也要立刻表示你什么地方不同意，为什么不同意。不要以为这样做会伤害彼此的感情而不吭声。

怎样表达自己的意见

我们常常看到许多人因为喜欢表示与人不同的意见而得罪了许多朋友。因此，有许多人和许多书总是劝人们不要表示自己不同意。其实这种做法是很片面、很浮浅的，而且也是不诚实的表现。无论一个人多么爱面子，除了极少数、极愚蠢、极狂妄的人以外，几乎每一个人都喜欢拥有忠实的朋友。不信你就试一试，如果你认识一个人，如果你对他的每一句话都随声附和，不说一个"不"字。也许第一次见面他很喜欢你，但不久以后他就会觉得你是一个很圆滑的人。到处都做随声附和的应声虫，是没有人会看得起的。

那么，也许你会问：怎么样才能对人老老实实地表示自己的意见，而又不会得罪人呢？

有没有办法解决这个问题呢？

有很简单的办法，同时也很有分寸。

细心观察社会和人生，你就会发现，只要你的方法得体，向别人表示自己的不同意见，有时还会大受欢迎。使人有一种"与君一席话，胜读十年书"之感。

其实得罪人的不是你的意见本身，而是你对别人意见的态度。如果在你表示不同意时，把自己的意见看得绝对正确，而别人的意见简直是愚蠢幼稚，荒诞无稽，那你就深深地刺伤了别人的自尊心。

因此，你要遵守一个原则：在你表示自己意见的时候，你要假定自己的意见也可能有错误，你不要强迫别人立即相信你的意见，你要给人以充分的时间来考虑你的意见，而且还要提供有关你的意见的根据。这样才能使别人对你的意见既不盲从，也不武断。与此同时，你还要表明你愿意考虑别人的不同意见，请对方提出更多的说明、解释和证据。你要明白，假使对方能够使你相信他的意见，那么你就立刻抛弃你自己原来的看法。

一方面老老实实地说出自己真正的看法，另一方面又诚诚恳恳地尊重别人的意见，这样才是理想的交谈方式。

有时候，如果你的看法与普遍的看法相差太远，你可以事先作这样的声明："也许这是我个人的偏见"，或者再补充一句："我希望自己的意见能和大家一致，可是目前我还没有足够的理由这样做。"

许多人在别人面前，常常没话可谈，这就是因为他到处都遇到和自己不同的意见。如果他一方面不愿意随声附和与自己不同的意见，一方面又怕说出自己的意见会"得罪"人，那么怎么办呢？最好的办法是缄口不说。

第五章
说话的基本方法

简洁的语言

我向班上的同学说："莫为害群之马"。讲话中没有比该停而不停、该省略而不知省略的习惯更差了，讲话不懂精练的人终将发现他自说自话，他没有任何听众，就像童话爱丽丝梦游仙境里那双动不动就嬉笑不休的猫一般。

"亚历山大·史密斯将军的高明讲演技术远比他中肯的理论更为人所称道。"他的死对头亨利葛蕾如此说。"先生你为现代说话，我为后代说话，"葛蕾先生答道："是的！仿佛你是专为你的听众说话的"。

漫无止境谈话的坏习惯往往很难改正，对说惯了废话而不知扼要说话内容的人，我们为他们深致同情之意。然当我们跟朋友谈天或大庭广众讲演的场合，若是某些地方的确有再三强调的必要时，则必须针对重点，再三说明。

毫无疑问，缺乏修饰的谈话最使人心烦。可悲的是人们对它却已麻木了，他们废话连篇，从来就不知针对重点，相同的事情却一说再说。

我有一位专门替工厂降低生产成本的学生，察觉在工厂中经常有仅需两滴黏胶即可以黏牢的工作，工人却用五滴来做。如此一来，非但增加了工厂的成本，更浪费了许多无谓的擦拭时间。我们谈话又何尝不是这样，有时候两三句话的话题却时常要问上一打以上的句子。特别是女人，当她们孩子长大生活变得单调时，往往花长时间在无聊的事物上，她们甚至花钱让她们的美容师或修指甲师来听她们闲扯。

"约翰！"史密斯太太说，"我记得上周二早上十一点就在你打电话回家之前，琼丝太太来我们家借麦粉，我记得尤其清楚，因她身穿金扣子的嫩绿新装。"你说话的主要目的是抓住重点，我希望你并未跟史密丝太太一般犯相同的毛病。若是你有短话长说的毛病，就想象你正在打长途电话，我想应该很轻易地戒除这个坏毛病。

避免说太多的"我"

千万别让"我"字充塞在你的谈话之中，苏格拉底说"不要说我想，而是您认为怎样。"

在一次花园俱乐部的集会里，主人在3分钟的讲话中用了26

个"我"字。我的花园、我的篱笆、我的事业……某个熟人走到他的身边说："很抱歉你已经失去了您的太太？""失去我太太？"主人反问道。"不是的！她人很好，请问您花园的一切跟您太太丝毫关系都没有吗？"

亨利·福特二世描绘无聊的人为"将拳头往自己嘴巴塞的人"，无聊的人也是'我'字的专卖者。

自说白话的人在莎士比亚舞剧中倒还说得过去，由于舞台上只有一个演员，可是在现实生活中就不然了。"我"字专卖者缺少笑话，缺少故事，缺少主见。自言自语是自我疯狂的一种行为，他对于其他人的睡眼、叹息、打呵欠，不理不睬，对其他事物的介绍感到害羞。可叹的是，患有自言自语毛病的人经常终身都不易改正。

谈话好比驾驶汽车，说话者，必须小心交通标志。交通标志一方面显示出听众对说话者的谈话内容之喜爱、注意和接受与否；另一方面又能表达他们的不耐烦、激怒或挫折。因此假使说话者看到了红灯，而不知中止谈话，他将发觉自己是造成交通拥挤的主要原因。

有时候听众可能愿意讲话者继续说下去而不打岔。

即使这样，讲话者也不可忽略交通标志，若是听众真的为你才华横溢的讲话技巧所陶醉时，他们必定继续亮着绿灯，但随时小心交通标志对你来说是没有任何损失的。

讲笑话何尝不是这样，有许多人很想讲笑话来取笑别人，但大多数讲笑话的技巧并不高明，无止境地说笑话也是谈话中宜避免的。

有一次跟相隔很远五年未谋面的老友晤面，是她的丈夫陪她一起来的。记得这位男士从开始就占用了我们大部分的谈话时间，他笑话是一个接着一个讲个不休，虽说讲得并不妙，但我的朋友有意无意地鼓励他继续说下去。

在滑稽歌舞剧中，若是有演员在台上拖延时间，经理人会站在戏台的两侧，伸出有挂钩的棍子，钩向拖时间的演员。因此，若是有人深为疲劳轰炸所苦的话，也应该有钩子来解救他们。

切莫打岔

刚才所提的挂钩就是打岔话题。可是打岔应该是我们所采取的最后手段，有打岔习惯的人，有时候甚至比自言自语的人还讨厌。约翰·洛克说："没有比打岔别人说话更没教养。"

若是有人谈话正值兴头，而他的听众也急得如同女傧相跟新娘花束跑的时候，你却在这时打岔："上星期天你不是也在约翰家吗？"当然，除了说话者认为你没礼貌外，往往他的听众也这样认为。因此我们必须遵守下列原则：

（1）别以风马牛不相干的问题来打岔。

（2）别以不相干的意见来打岔。

（3）别以他人的话语来打岔。

（4）别以协助讲故事来打岔。

（5）别以鸡毛蒜皮的事来打岔（往往发生于夫妇间）。

总归一句话：一切莫打岔。除非讲话的时间明显地拖得太长，讲话者已不再为听众所喜爱。讲话人有明显的人身攻击时，或讲话者已成为侮辱众人的人时，打岔是一种善行。

避开无聊的话题

几乎没有人会对你的小孩、小狗、食物、收据、高尔夫球、健康状况或其他胜利、家庭唠叨感兴趣吧！小狗、小孩可能使好莱坞超级巨星黯然失色，但在众人面前讨论，恐怕难产生一点效果吧！记得有一次坐在一位精明的律师身旁，本来整个过程中他能够以他在纽约的遭遇来逗乐大家，很不幸的是，他却花了几乎一个小时的时间不断地告诉我们他遗失的长毛狗。当他说话的时候，我仿佛可以看到他找狗的痕迹，而听众的表情也变得跟长毛狗一样——败兴的眼睛，双耳低垂，全身乏力。

避免攻击别人

谈话安全与否全视周围的人物、事物而定。例如政治、宗教、赛跑可能某些人津津乐道而某些人却是缺少兴趣的。选举之前，人的脾气往往都比较暴躁，在有代沟的时代中，某些年轻人的活动反应可能尤其激烈。吉姆·柯道说："战术之要在于了解自己该走多远。"除非你拥有喜欢争吵的朋友（有些人喜欢，你是明白的），不然尽量避免提出足以令谈话双方发生敌意的话题。

避免侵犯他人的隐私。或许调查局这么做，可是你却不能这么做，避免针对个人做侦察。

若是你减肥或戒烟成功了，告诉肥胖的人或老烟枪你怎么做，这也是一个恩惠。可是假如你的话题很显然会引起他人尴尬的话，千万别急着说明细节。

不使用可能损及别人感情的话语，即使你认为它是无害的。在一次高阶的选战中，一位候选人不理智地使用伤害少数民族的话语，虽说这些词句可能并不偏颇，但已经造成这些少数选民心目中一段抹不掉的烙痕。

不要使用别人听不懂的语言，不要让自己的谈话中出现肮脏的字眼。一些使码头工人吃惊的脏话，如今竟然可在文雅高尚的先生、女士之中出现，更别说在某些公共戏剧中演员们所讲的话了。史基勒所谓的"天生较好的行动——性善"时下看来似乎有了问题，有些人认为性善已如西伯利亚的海牛灭种了。但我个人反对这种说法。"人依旧是人，依然保存着善良的人。"一些讲话的过失，只不过出自于考虑欠周到或偶尔疏忽罢了。能为别人着想，仍然为今日的世人所赞誉。

说话重在讨论

约瑟夫·爱迪生说："谈话心平气和比利用智慧更加适宜"。只要是基于立足点平等的话语即是讨论。而争论是双方动气而猛烈地攻击对方却又紧紧地保护自己，争论是谈话的仇敌。

说服和偏见的差别在于说服能够不必生气而令人信服。中国有一句俗语"先吼者失利"，这并不代表着坚持己见而动怒者一定错，而是他没办法控制自己来表达他的心意。讨论的原则为使用有利证据与温和的语调。不要苦恼，不要沉默，试试用说服的方式。

只要我们保持冷静，富幽默感，有理由；只要你愿意听我则讨论不会产生纠纷。但当双方声音变尖锐时，当我认为这是十分愚笨的方法变成无理智的谩骂；当我们看见旁观者变得不耐烦；当我们的朋友避到棕榈树下避难时，虽然或许我们从争论获得了小利，却失去了一个朋友。

争论让人们分开，讨论使人们合一；争论是野蛮的，讨论是文明的。纵使有时候争论吵嘴是友情与婚姻之中必经之途，发脾气可以清除室内的低气压，但不论争论或吵嘴最好都能够在私底下进行。

一位午餐俱乐部的朋友，往往在事情的解释方面不同意我的看法，例如什么地方最先发现石洞艺术等等。

俱乐部中经常能够提供令人满意的答复。可是，偶尔也有一些不能及时在餐桌上回答的问题，在那种状况之下会员们会开始下赌注，将条件和金额记于俱乐部赌注本上，随后大家正式找寻答案，输者付钱，正确的答案顺便记在赌注本上。

上述赌注进行时大家极有兴致，甚至发生激烈的争论，但它并非吵嘴，而是讨论。为什么呢？首先，它是纯趣味性的。其次双方并不是为表示自己的意见而是澄清真理，因此，事事都有法律根据。输赢双方都很高兴地接受赌注的结果。

不要冷落他人

排斥他人谈话就跟晚宴中女主人排斥她的客人一般，是不可思议的。

多数人常无暇兼顾角落边不说话的人，而有意专心对他感兴趣的人或全神贯注地与健谈者聊天。他们常对聚会中的主角集中精力交谈。可是若你遗漏的人碰巧是最重要的人物呢？

记住不要遗漏任何人，每个人都是接触的对象，让你的眼睛时刻注意每一个人，观察每个人对你的反应。我有一位律师朋友在一堆人群中只对一个人喋喋不休，说得很是起劲，可是除了那个听众以外，其他人对他没有不反感的。

多数社会团体聚会中，往往会冷落少许几个人，几个人看来就像局外人似的，因此很可能他们会被人当局外人招待。别冷落任何人，不论他对你的话题表示如何的乏味。想想自己是个局外人的滋味，尽量使局外人对你的话题产生兴趣，使他不至于觉得他是遭你冷落了。

留意倾听

彼鲁塔克说："倾听，你甚至可以从拙于口舌者的口中学到很多学问。"50%以上的健谈者都是从倾听学来的，在听讲的过程当中不但要注意耳到，还须兼顾心到及各种感觉器官的集中。

听讲有时候和讲话是一样重要的，当讲话的内容缺少变化时，我们很容易心不在焉而忽视了重要部分，领会错了谈话者的本意。

你是否有气无力地听讲？你是否心不在焉且不耐烦？你是否趁讲话者中间休息时想代替他讲话？你是否由于你想讲话而采取反对的态度而故意蔑视破坏讲话者的士气？

若是你犯了以上的毛病则不管你如何有效地表达自己，终究是一个幼稚的讲演者。

在我教授的班中，学生轮流讲话，然后再由其他同学讨论分析。我发现讲话者几乎都避免注视前排的一位年轻人。我不了解到底是什么原因，课后分析时，我注意他，发现他那冷漠的眼睛，朝天花板发呆，我把他叫到身边，问道：你是一个十分有吸引力的人，只要你稍露赞赏的眼神便能激励讲演者的士气，可是你为什么不这样做呢？他讶异地回答："我始终在听着，我不注视他只因为怕分散自己注意力，我常自己反问：这种讲法实际吗？它有否夸张？理论正确吗？我始终在听讲！"我告诉他也许他真的听讲了但并不专心。若是听讲不注视讲演者，那就好像戴着耳罩而双手鼓掌。若你是讲演者，你希望别人如此待你吗？

有两种听讲值得在此特别谈谈，其一讲话者能为听讲者带来重要信息，其二为听讲者为讲演者提出特别的鼓励。

有些人有超乎寻常的雅量从听讲中调整本身的想法。

勒杜德·劳伦斯即是一个很好的例子。每当她在台上讲演时，她时时刻刻用心听台下听众的反应，她从听众寂静的程度来评定讲演的成败。台下之咳嗽声、喳喳声、清喉咙声，这些现象都成为敏感的讲演者警惕的内容，从听众的反应使她能够如同垂钓者钓鱼一般纯熟，何时放何时收，分秒不差。

奥斯卡·汉姆斯是另外一个例子。《国王与我》纽约排演时，我从贵宾席离开，奥斯卡站在屋后。他从《安娜和塞恩国王》书中撰选音乐。奥氏生性冲动，若有所思地依在栏杆旁，我问他怎么搞的，他答说他由观众的反应得知听众并不欣赏，原来他保存了原著的精神，剧中描写的寡妇事实上跟爱扯不上关系，他知道观众不满意剧中毫无爱情的架构，他们希望看罗曼史。

当天晚上，奥斯卡和理查·罗杰（《国王与我》的编剧者）把自己关在旅馆套房里，加上他们认为必须增添的情节。他们需要国王接着安娜的手，请她教跳波尔卡舞；然后，当他们齐唱："我们应该跳舞吗？"国王的臂膀挽着安娜的腰共舞。

注意倾听正确的知识对社交、谈吐、事业都极重要，曾经玩过耳语游戏吗？由第一人耳语传出消息，再由第二人传给第三人，这般依次类推，当传至最后一人时，消息极少跟原来相同。

这说明了正确的听讲并不似想象中的容易。

马歇尔·麦克路罕在接受美国荣誉学位以后，准备搭机返回故乡加拿大时，遇到了一位朋友。他朋友问："来美国干什么事？"麦克路罕先生答说："拿我的荣誉法律博士学位。"其中有人听错了。当他在蒙特律下机时，海关检查员对他的行李实施逐件检查。"老实说，你将迷幻药藏在哪儿了？"

从以上例子我们得到了一个很好的启示，那就是当你听别人说话时，应该用耳朵、用心听。"上帝为他的子民制造听声音的耳朵，看东西的眼睛"，说话时，仔细看、用心听实在有迫切的需要。

一心一意地聆听，除了能鼓舞讲话者的精神之外还能够激励讲话者的兴致。

安妮·戴米尔自传里，描写喜剧明星卓别林参加她儿时生日派对的情形。"我的天！"她写着："他是多么好的听众呀！"派对中他坐着全神贯注地倾听孩子们讲话。有许多关于卓别林善于言辞能即时而作之传说，可是又有谁知道卓先生是个有礼貌能激起讲话者兴致的好听众呢。

当托士卡尼指挥合唱时，脸上洋溢着狂喜的表情，他全神贯注地聆听以致唱歌者几乎不能够自己唱出来。

最使我感动的听讲者，也许是温瑟公爵夫人。某一年在棕桐滩一个特别俱乐部演唱时，温瑟全家连续几晚都坐在舞台旁边的座位上。温瑟夫人坐在她丈夫对面，曲着双肘，两手撑着下巴，她的眼睛、耳朵似乎被台上的每一个声音所陶醉，她脸上仿佛就写着："再告诉我吧！我聆听着，它是如此的令人着迷！"她那种聆听的表情，不亚于英国女王给予她的魔力。

学习温瑟夫人的美德吧！当你与人共进晚餐时，不要尽玩弄餐具，或眼睛望向天花板。聆听！不是敷衍了事地听讲而是兼及友情地聆听！告诉你自己——我是一块海绵，我将吸收讲话者的每个字，对别人的最大恭维莫过于倾听他所说的每一个字。而最能证明你专心听讲的事实莫过于敏感的回答，因终究听仅是谈话中的一部分，讲依旧是另外一部分。

谈话的艺术是指导你生活充满和乐、喜悦、风趣和产生爱的关键所在。

有关以上讨论，麦克在他书中做了下面的结论：

· 不要仅求生存——要生活。

· 不要仅是瞧瞧——要观察。

· 不要仅是闲读——要吸收。

· 不要仅是听听——要倾听。

· 不要仅是凝听——要了解。

· 不要仅是想想——要深思。

· 不要仅是计划——要行动。

· 不要有意伤害他人——言归正传。

切记：

· 不要仅是谈话——要刺激别人说话。

· 对别人的意见发生兴趣时——提出问题请教他。

· 讲话要求简练，切勿重复——针对重点发言，避免冗长的谈话。

· 避免自我为中心，不要当"我"字专卖者。

· 不要以相关的问题或意见来打岔，不要抢着讲话。

· 不要以你的食物、健康、小孩、小狗等应该放在自家中谈论的杂务来烦人。

· 对别人的感觉要敏锐，不要攻击别人。

· 不要在背后议论别人的隐私。

· 要讨论而非争论，不要轻易发脾气。

开诚布公

在交谈中，有时为了说服对方，指导对方，解决问题，开诚布公地直接说出自己的观点。

如果遇到不点不破的事，不明说不行的人，也可以用严肃的态度，真诚的语言，直言相告。

据《贞观史话》记载：李世民在公元637年颁布唐律唐令，执法严明，对官员的过失斥责的也很严厉。开国功臣尉迟敬德，居功自傲，在出席宫廷宴会时，如果有的人座次在他之前，他就当众质问人家有什么功劳，"敢居我之上"。有一次，任城王李道宗劝他不要吵架，他竟然勃然大怒，险些打瞎人家的眼睛。对此，李世民甚为不满。席后，太宗提醒他，想一想韩信、彭越是怎么死的，为什么会被汉高祖杀掉，并警告说："国家纲纪，离不开赏罚，不能居功自傲，否则，将后悔莫及。"这一警告果然有效，尉迟敬德吓得待在家里。再三要求辞职，表示再也不寻衅闹事。

语气婉转

迂回法就是在交谈中直接向对方提出意见，或谈看法感到困难时，用兜圈子、绕弯子的方法，把要说的话用婉转的言辞和语气讲出来，使对方听了能接受，以达到交谈的目的。

运用迂回法，可以是借用历史典故去启发对方思考，最后点明主题，达到交谈的目的。也可以用闲谈的方法，让对方在不知不觉中将话题接过去，这时，你要注意审视对方对这个话题的态度，到适当时再将主题点出来，让对方同意并接受自己的主张。

如春秋时期，楚惠王要攻打宋国，墨子采用迂回战术说服楚惠王。楚惠王听从了墨子的劝阻，放弃了对宋国进攻的打算。

又如，晏子救人的事例：

齐景公酷爱打猎，非常喜欢喂养捉野兔的老鹰。一天，烛邹不小心，逃走一只老鹰。景公知道后大发雷霆，命令将烛邹推出斩首。晏子知道此事后，急忙上堂，对景公说："烛邹有三大罪状，哪能这么轻易就杀了？待我公布他的罪状后再处死吧！"景公点头同意了。晏子指着烛邹说道："烛邹，你为大王养鹰，却让鹰逃走了，这是第一罪状；你使得大王为了鹰的缘故要杀人，这是你的第二条罪状；把你杀了让天下诸侯都知道大王重鹰轻士，这是第三条罪状。好啦，大王，请处死他吧。"景公满脸通红，半天才说："不用杀了，我听懂你的意思了"。

晏子表面上数落烛邹的罪状，实际上在批评景公重鹰轻人的错误，这种方法既没有使君王难堪，又救了烛邹的命，真可谓一举两得。

第六章
社交中的说话技巧

交谈时的措辞技巧

在交谈中，措辞的简洁和高雅是非常重要的一环。如果措辞啰啰唆唆，或者粗俗不堪，或者故弄玄虚，不管内容多好，也不会有多大的效果。要做到措辞简洁高雅，我们在谈话中应该注意以下几个方面。

第一，要尽量简明扼要。说话一般是越简明越好，有些人在叙述一件事情时说了很多话，但还是无法把他的意思表达出来。听者花了很多时间和精力，仍然不知道他想说明什么东西。如果你犯有这种毛病，一定要自己矫正。矫正的最好办法是，在说话之前，先在脑子里做一个初步的计划，然后再把计划要说的东西讲出来。

第二，用语不要过多重叠。在汉语里，有时的确要使用叠句来引起别人的注意，或者加强语气。但是，如果滥用叠句，就会显得累赘。例如，许多人在疑惑不解的时候常常会说："为什么为什么？"其实，一个"为什么"就足以表达你的疑惑之情，为什么偏要多加一个呢？还有的人答应别人一件事情的时候，常常说："好好好……"，一连说上好几个。其实，说一个"好"就足够了。如果你有这个毛病，也还是改一下好。

第三，同样的言辞不可用得太频繁。一般地说，听者总希望说者的语言丰富多彩。我们虽然不必像某些名人所说的那样，每说一事都要创造一个新词汇，但也应该在许可的范围内尽量使表达多样化，不要把一个名词用得太频繁。即使是一个非常新奇的词，如果你在几分钟之内就把它复述了好几次或十几次，那么人们对它的新奇感会丧失，并对它产生一种厌倦感。

第四，要避免口头禅。有些人在交谈中非常爱说口头禅。诸如"岂有此理""我以为""俨然""绝对的""没问题"一类的话几乎是脱口而出，不管这些话是否与所说的内容有关联。这类口头禅说多了，不仅影响说话的效果，而且还很容易被别人当作笑柄。因此这类口头禅应不说。

第五，要避免使用粗俗的词。常言道："言语是个人学问品格的衣冠。"一个相貌堂堂、看上去高贵华丽的人，如果一开口就说出粗俗不堪的话，那么别人对他敬慕之心就会马上烟消云散。其实，这些人中的相当一部分并非学问品格不好，只是在追求语言的新奇和俏皮的过程中染上了这种难以更改的坏习惯。在交谈中，我们一定要下决心改掉这种坏习惯。试想一想，在一个陌生人面前，你说了粗俗的话，他会怎么想呢？他不一定会认为这是一个习惯问题，而可能会认为你是一个修养不足、不可交往的人。

第六，不要滥用术语。粗俗的词不可用，太深奥的词如专用术语也不可多用。如果不是同一个学者讨论学术问题或不得不用，过多地使用专业术语，即使你使用得很恰当，也会给别人以故弄玄虚的感觉。满口诸如"形而上学""一元论""二元论""沙文主义""哀的美敦书"等术语，不懂的人认为你在炫耀才学，而听得懂的人则认为你非常浅薄。

上述几点只是列举了几个易于为人们觉察到的问题。那些较为隐晦的问题还有赖于说话者自己在实践中去揣摩和克服。如果你在说话时能措辞简洁、生动、高雅而又贴切，那么就可能会成为一位交际明星。

谈话要领的把握

与陌生朋友结识虽然是一件十分困难的事，但只要我们要领得当，善于把握，还是能够驾驭自如的。与陌生人交谈时，有很多事情值得我们去注意，去把握，这里想着重介绍几点。

与陌生人交谈时，我们应设法通过语言来探知对方的情形，且知道得愈详细愈好。如果我们有机会事先得知自己将要见到某一位陌生人，那么，我们最好在自己的朋友中间向认识对方的人打听有关对方的情形，比如对方的年龄、性别、职业、习惯、性格、经历等等，总之，知道得越多越好。当然，这里还要注意一点，那就是我们要正确地判断出我们的朋友对对方是否过于偏爱或有偏见，不然，我们得到关于对方的信息可能是不准确的。如果我们因为偶然原因遇见了陌生人，就要开动脑筋，运用技巧，设法从对方口中或从在场的其他人那里增加对对方的了解以使双方的谈话能顺利进行下去。

我们与陌生人交往时，要善于观察，尽可能地用眼睛捕捉一些与对方深入谈话的信息与灵感。如果我们有机会到陌生朋友家里去做客，就要用自己的眼睛去细心观察对方的有关情况，增进对对方的了解。比如，我们从对方家庭的日常生活用品及布置设计中，就可以判断得出对方的经济状况、生活情趣、艺术修养格调等等；从对方的言谈举止，音容笑貌及衣着表情，即可窥探出对方的性格、品德以及为人处世与待人接物方面怎样；从对方家中案头放的书籍、墙上所挂的艺术作品，则可以了解到对方的个人爱好、学习兴趣、审美情趣等。有了以上这些对对方的了解我们就容易很轻松自如地与对方进行交谈。

这里顺便要说到的是，到陌生朋友家里做客时，最好细心留意一番对方家里桌上、墙上、窗台上的装饰或摆设。因为那些装饰或摆设往往是主人精心设计的，最能折射出主人的喜爱与兴趣，如果我们能就这些与主人攀谈深入开去，也许还会引起一段主人最值得回忆，或最感兴趣且最想让别人知道的故事，这样也就会引起双方的一段极愉快投机的谈话。

一名成功的交际者，应善于观察有关对方的每一个线索。因为这每一个线索，尽管也许会是十分容易被人忽视，它都可能成为我们窥视对方心灵世界的一个窗口，并同时可能使自己对世界、对人生增加一些见识。无论是旧识的还是新认的朋友，只要我们善于观察对方，都可以发现他们精神世界的许多宝贵的、有价值的东西。如果我们能够真正认识和了解这些宝贵的、有价值的东西，不但可以结识无数亲切温暖的挚友，而且还会使自己的心胸日益开阔，使自己的人生更有色彩。而对人生的信心的增强，又会反过来增强我们说话的胆量。

我们在与陌生人交谈时，不要过分强调自己思想与观点的正确性，也不要过分把自己的个人喜好加给别人。我们所处的世界，实在是太广大、太丰富了，人与人之间存在着个性、志趣、信仰、口味等等许多方面的差异，同时生活是多种多样、多姿多彩的，不可能只有一个"唯一"的模式，所以，我们也可能迫使每个朋友都与我们各方面保持一致，应该容忍别人"百花齐放"。当然，我们也不是主张为了不至于与他人出现分歧而一味去迎合他人口味，欺骗自己。如果我们遇到的人所感兴趣的东西是我们所不喜欢的，也不必强装喜欢，只要我们避开这些自己所不喜欢的东西谈，一定会找到一些我们双方都感兴趣的东西。这样不是很好地丰富了谈话的内容，大大地增加了与对方谈话的信心吗？

总之，只要我们掌握了一些要领，且运用得当，碰到了什么样的陌生人，都可以与之开怀畅谈。

了解交谈的对象

要说服他人，应了解他人。

在现实的社会中，矛盾不断产生，正反两方是永远存在的，因此，正确的必须说服错误的，正直的必须说服邪恶的，眼光远大的必须说服眼光短浅的，好的必须说服坏的，大公无私的必须说服自私自利的，思想科学的必须说服头脑顽固的。社会上，更有许多不合理的事情，需要我去说服当事人改变或改善他们的做法……

以上种种说明了说服工作的重要。这是永远不能停止，也永远不能懈怠的事。

我们要说服别人，首先必须透彻地了解别人的意见。

在现实社会中，比如大家对一个问题发生争执，双方都在发表自己的看法，申述自己的论证，而对于对方提出的论证，并不去加以分析和反驳，这样争执了几个小时之后，只令人觉得"公说公有理，婆说婆有理"，谁也说服不了谁。

其实，公只说公的理，婆只说婆的理，公没有去分析、批评婆的理，婆也没有去分析、批评公的理。这样，不但"公婆"双方，各执己见，连旁人听了，也难辨是非。

所以，我们要想说服别人，最重要的一点，不要只说自己的理由。自己的理由，当然是要说的，而且说得越明白越透彻越好。但是，同时也要注意到：倘若我们只说自己的理由，无论说得多么清楚明白，不一定能说服和我们意见相反的人，只能使和我们意见相同，或对这个问题没有什么成见的人，听起来满意。

我们要说服别人，必须首先透彻地了解别人的意见，看他们是怎样想的，有了怎样的感觉，了解他怎样看事情。

我们对别人的思想、感觉、看法了解得越清楚，我们的说服力就越强，越能够使人剖疑析难，指点迷津。我们对别人的想法，了解得越多，我们言语的说服力，也就越大。

"知己知彼，百战百胜"，大家应练好这种"知彼"的功夫。

摸熟了通向各种人物内心的道路后，才能够逐渐清除他们内心的忧虑，解答他们内心的怀疑，并且把那些和你不同的或相反的意见推倒移开。

有许多，口才很好的人，往往用自己的唇枪舌剑，把对方口头上所说的意见驳倒，就以为自己说服了别人，但却不知道别人心里还藏着什么疑难未解之处。这样的"说服"，只是口头上的说服，心里并没有服。别人口服心不服，就不能算是说服。别人对你的话，没有心服，就不会按照你的话去做。所以我们应该经常关心他们的生活，和他们接近，倾听他们的谈话，注意他们的各方面的表现，研究分析他们的行为动机和他们的心理活动规律。这些，正是我们说服别人的准备工作。

若是想提高自己说服别人的能力，必须把关心别人、了解别人当作一种经常努力的工作。

1. 说服要有耐心，不要操之过急

我们一般在说服别人的时候，所常犯的错误，除了过分心急，不够耐心之外，就是我们并没有在说服的过程中，提高我们自己的认识。我们不外乎把我们说过的话，说了又说，说来说去，还是那一套，许多人不能说服别人，恐怕第一步就失败在自以为是上了。

因为没有关心别人的生活，没有细心地去研究别人的问题，就下了判断，自以为"一眼就看穿了别人"。就如医生，未详细了解病情就下了诊断结论，结果是变"医"为"害"了。

在要说服别人以前，最重要的是把准备工作做好，先把

别人的想法，别人的问题看清、摸准，反复研究，深思熟虑。在说服别人之前，多听、多看、多想、多研究、多分析，把别人的想法、做法和问题所在看得清清楚楚，使自己得到正确的判断。

假定我们的看法是对的，我们的意见是正确的。那么，在我们去说服别人的时候，我们可能犯些什么错误呢？首先，我们可能过分心急，巴不得别人听了我们的话，立刻点头、说好、大为赞赏，向我们感激地说："听你一席话，胜读十年书"或"你的话，真是一言惊醒梦中人，倘若我早能向你请教，早能听到你的指点，那就不会惹出这么多麻烦了。"

是的，这种情形不能说没有。一个头脑清楚，眼光敏锐，而又善于表达自己意见的人，对别人常常会有这样的帮助。但实际上，这种情形是不太多的，在大多数场合，别人不会被我们一"说"就"服"的。我们明白别人的看法，想法，做法，不是一天能形成的，正所谓"冰冻三尺，非一日之寒"。因此，没有那么快就会改变自己的想法的。即使别人肯听我们的话，甚至在听我们说话时，曾经大加赞赏，深为感动，说了许多使我们非常高兴的话，但回去仔细考虑之后，他们原先的想法，又可能再占上风。

何况，别人所接近的，也并非只有一人。别人所听到的，也并非只有一种意见。除了我们，别人还有他们很熟悉的或很信任的家人、朋友，也许比我们更能说服他。

如果你操之过急，就会把意见强加于人，使问题更难解决。

另一方面，各人的思想不同，而这些思想及心里的成见是根深蒂固的，就像一座山，要移去这座山，就需要有"愚公"的魄力和勇气。

我们第一要耐烦，第二要耐烦，第三还是要耐烦。遇到不能说服别人，反而被别人抢白一顿的时候，不要生别人的气，更不能生自己的气，也不要泄气。说服别人也像愚公移山一样，今天挖开一角，明天铲平一块，今天解释清楚一个细节，明天说明一个要点，日积月累，相信是会解决清楚的、会说通的。

有的时候，别人实际上已经被我们说服了，但是在他的身后却存在庞大的力量，这个人拉住他的手，那个人扯住他的脚。因此，我们面对着的就不只是一个人，而是很多人，这时候，我们也应该增加我们的力量，介绍好的书给他看，请他去看一部很好的电影，也可以找几个见解和我们相同，口才比我们更好的人，和他做朋友，和他多谈谈各种问题。这样，双方在想法上，可能展开了拉锯战，就像一场"拔河比赛"。可是，正确的意见，总是会胜利的。除非你不再努力，不再坚持。

这样做，对你自己也不是没有好处的，可以使你本来正确的认识，更细致更丰富，可以使你对你本来看得清楚的问题，看得更深刻更透彻，当然也就同时锻炼了你的眼光，你的脑子和你的口才，增强了你说服别人的能力。

2. 应付各类人，用不同说法

俗话说："见人讲人话，见鬼讲鬼话""一样米养百种人"。

现实中，每人有不同性格，不同背景，不同遭遇。

每人的思想感情也不同，他们的接受能力也相对地各不相同，如果不了解这些差别，是会影响说服效果的。如果你自以为能说会道，而不去了解这种差别，其结果必然是：瞎子点灯——白费蜡。

实际上，话是说给别人听的，除非是自言自语。

把一杯水放在桌上，还是放在椅子上、木箱上、草地上，是要用不同的放法的。同样，把我们的话，放在这个人的心上，还是那个人的心上，放在一人的心上，还是万人的心上，也是要用不同的说法的。不了解别人的人，说起话来，自己听来非常好，非常有理、热情，可是别人的心是什么样子，却毫无认识，毫无概念。这就像一杯水随便往前一放，没有看清楚放在什么地方。立刻，这杯子歪了、倒了、碎了……很多人就这样，话是说了，可是，别人的心，究竟是硬的、软的、大的、小的、平的、斜的，事先一点没有想到。到说出之后，出了事故，惹起麻烦，引起口角，造成误会，自己还莫名其妙，反而觉得别人糊涂、顽固、怪僻、多疑。

下面谈一谈各种人的动态，你应如何去应付？

有的人头脑很冷静，他听你说话的时候，很冷静，他一面听，一面在静静地思索、分析，要求你说话有根据、客观、有条理，不立刻就相信你的话，但同时却把你的话句句听进心里，拿来慢慢地研究、分析、咀嚼。

有的人不习惯作复杂的或长时间的思考，他不能够同时把握太多的资料，他不能够或不喜欢跟你一起去逐字地推理，他急于想知道你的确定不移的结论。

有的人幻想太多，在听你说话的时候，常常中途发挥自己的想象，甚至会把他自己的想象，加进你的话里，当作是你说的。

有的人的情绪很容易激动，常常没有听完你的下文，就生起气来，或伤起心来，或泄起气来，而把你下面的话听漏了，听错了，听乱了……

有的人，在听你说话以前，心里就已经有了"底色"，那么你的话，一放到他心上，就失掉了原来的样子。

有的人，他的心地非常狭小，只能容纳某一类事物，或与这一类事物有关的事物。

有的人，有许多禁忌，生怕你向他提到某事，或是提到某人，或是生怕听某一类的字眼。

有的人，阅历太深，满脑子人情世故，他听你说话的时候，"不走前门走后门"，不大重视你说话的内容，总喜欢到你"字里行间"去搜索、寻找你的"言外之意"，揣测你的话有什么用意、影射什么、暗示什么。

3. 要光明磊落，使人有信赖感

社会上，总有这么一种人，对他的朋友犯错误，感到非常痛心。由于他们经常在一起，平时他也经常劝说朋友。然而他的朋友却不采纳他的"忠言"，以致"身败名裂"。当有人询问时，他会慨叹地说："我早已不知跟他说过几千遍了，他就是不听，我又有什么办法！"

当然，一个人的失败，不应该由他人来负责。但这位先生说了"几千遍"的"忠言"，很可能是一种"单调的重复"，没有什么说服力。因此，当我们跟别人谈了一次之后。必须把自己说过的话再重新回忆一次，检查一次，看在什么地方没有表达清楚，什么地方强调得不够，理由还不太充分。更重要的，是要把对方的话，拿出来细细地咀嚼，把对方许多不以为然的地方，拿回来细细地推敲。要不断虚心地反问自己："这一点我不是已经说得非常清楚了么，为什么他还不明白呢？""为什么他总是坚持己见呢？"

最初，常会觉得对方"无理可喻""莫名其妙""不可思议"……甚至因此慨叹、生气、摇头……但是就在这个时候，冷静的思考，仔细的分析，反复的研究和探索，会帮我们很大忙的。

渐渐地，在苦恼和困惑中，找到了一条出路。发现我们的那一句话引起了对方的误会；或者，知道对方对我们的动机有所怀疑；或者，对方提出的问题，都不是主要的理由，因此，他们所说的理由，都是很容易驳倒的。但是，就在这些很容易驳倒的理由的后面，还隐藏着一个或几个最充分最重要的理由。这个理由，他不肯说出来，或是不敢说出来。一个人常常不肯说出他的真正的理由，因为他还不信任我们。也许他不相信我们对他的真正的关心和十足的诚意，不相信我们有替他解决疑难问题的能力，不相信我们能够全心全意地为他着想，不相信我们能够替他保守秘密。

只要他还不相信我们，他就不会把他的内心的秘密向我们坦白地托出，那么，我们就不会明白他的用意，不会明白他的动机，我们也就无法说服他们。

从以上的情况看，我们想说服别人，首先必须具有强大的人格方面的力量，必须有光明磊落的心胸，必须要时时都能够为别人着想，使别人产生信赖感。倘若这样，相信你的"忠言"是会起作用的。

4. 更换好方式，使人了解赞同

社会上，有这么一种人，一方面只坚信自己，不相信别人比他更聪明、更正确。另一方面又非常缺乏自信，害怕自己的理由被别人驳倒，害怕自己的信心被别人动摇。因而不敢说出真正的理由。

他们的心里有一种很妙的想法："我讲出来，你就驳不倒。"当然，他们对自己也并不十分坦白，他们会想出种种很漂亮的理由，支持自己这样做，但无论他怎样说，无论他怎样想，骨子里面就是因为他认为：不说出理由是最安全的。有许多人就在这种自欺欺人的"政策"之下，过了一生，做了许多不值得一做的事。这种人确实是很难说服的。

说服这种人要有真诚的态度，足够的机智，并且要去了解他的思想及内心世界。这就要靠我们平时对别人的生活多留心，熟悉各种人的思想与行为的规律，能够深入地分析别人的内心活动。

当我们猜中别人的时候，别人可能脸红了，可能感到非常狼狈，甚至于会恼羞成怒，把错误坚持到底。这种情形当然并非我们所愿意看到的。

但是我们必须了解：当一个人内心的坚固的堡垒，一旦被人摧毁时，是可能非常震动和痛苦的。这时，我们就需要设法减轻他们的痛苦，或是使他们不觉得痛苦，反而觉得快乐。这就要靠我们有一颗至诚的心，真正能够为别人着想。不但能够指出他们的错误，而且还能为他们指出光明的前途。

还有一种人更难说服，这种人对他心中的真正的理由，不是不肯说，也不是不敢说，而是不知道，是真不知道。

对人的说服工作，如果你用的方法及言语很正确，对方仍然表现出茫然不解，或不以为然时，我们就要动脑筋了。这就需要我们立刻顺风转舵，改变初衷，换一种更好的方式。

大家知道同样的一种内容，可以有千百种的方法和方式。

同样意思的话，可以有千百种的说法。

我们要随时反省自己：我们的话，对方能够接受么？是讲得太深奥了，还是讲得太肤浅了？是把问题提得太高了，还是把问题提得太低了？我们的话是太武断了，还是太含蓄了？我们所用的词汇是太文雅了，还是太粗俗了？

口才这件事，仔细研究起来，是非常复杂的。有时，我们可能因为用错一个字眼，无端地惹起对方的反感。在我们这个社会中，各个阶层，各种宗教，各种信仰的人，都各有一套说话的习惯，各有一套习惯的用语。讲究口才的人，对这方面的知识都相当看重的。要和别人建立更深的关系，最好能善于把握对方惯用的语言。

总之，我们的话一出口，也像一个人要远行一样，未必一帆风顺。如果这个说法，没有效果，或效果不好的时候，就要换个说法，直到对方完全了解，完全赞同。事实上，有些比较困难的说服工作，绝不是一次或几次的谈话，就可以收到效果的，有时候需要很久的时间，有时候还需用事实、用行动去作我们言语的后盾。

在说服别人的过程中，我们必须不断地深入了解自己的问题，并且丰富自己对人对事的认识，否则，如果我们只有单调地重复我们已经说过的话，那么除了令人讨厌之外，恐怕是得不到什么说服的效果的。

因此，当我们要说服别人的时候，每一次见面，每一次谈话，必须添一点新的材料，多一点新的理由，加一点新的力量。一句话，有了新的发展，把阵地又向前推进了一步。

5. 无比地体贴，同情地谈心

"希望"是一个人迈向前程的原动力。有了希望，人生才有目标，才有方向，生命才有意义和价值。一个人要是心中没有任何"希望"，那么他的人生就如一匹没有缰绳的野马，没有舵手的船只，终日东奔西荡，不知何处是终点。

因此，在日常生活中，倘若遇到某人对人生毫无"希望"，对前途没有"目的"，我想周围的人都会尽力协助他、辅导他，使他能以积极的态度走向前程，面对人生。在这种情况下，我们的言辞应是以鼓励的、积极的、亲切的态度与人交谈，要尽量避免使用叫人丧失"希望"的言辞。

我认为，一般人在平日与人交谈时，都是非常有礼貌的，也会以和善的言辞彼此交往。但是，一旦话题涉及个人利益关系时，每个人的反应也许就有所改变了。尤其在拒绝别人的要求时，往往所说的话不是太过急切，就是太过严厉，而使听者无法接受。

由此可见，我们在说话时，只要能够不武断、不严厉，不论是安慰别人或是拒绝别人，都可使对方不灰心、不沮丧。因为我们认为"下一次便会更好"，因为我们把"希望"寄托于未来。

每个人并非做每件事都是合理的，有时会做出错误的决定。但是只要我们能平静下来，反省自己，相信生活的希望是很大的。

不过，也有许多人缺乏这种自我反省和自我控制的能力。他们往往因为做了一件错事，受了一次打击，就手足无措，莫名其妙地把生活弄得一团糟。而对于一切的经过与发展，竟找不出真正的原因。而我们要说服这种人，单是真诚还不够，加上机智还是不够，我们还要对他们无比地体贴。我们不能和这种人直截了当地讲道理，而要和他们委婉曲折地谈心。我们不只留心他正式发表的意见，还要留心他无意流露出来的感想。

在说服他们之前，要尽量安慰他们，同情他们，渐渐地把他们的心灵引导到一个鸟语花香，风光明媚的世界，让他们的身心都处在一种温暖的愉快的气氛中。然后，像冰雪在春天解冻一样，使他深藏在心中的连他自己都看不见的真正的理由，渐渐地融化，渐渐地流泻出来，显露它的真面目。所以，真诚的安慰和同情可以溶化别人心中的冰雪。

在我们周围，我们常常遇到这样的朋友或亲戚，也许自己的家庭中，就有这样的兄弟或姐妹，我们常常觉得他们是不可理喻的，无论如何也讲不通的，我们对他们简直是"爱莫能助"。不过，如果我们懂得怎样去说服他们，不心急，不暴躁，多用点心思，多动点脑筋，也不是全无办法的。当你经过这样一番努力，你对于他们的心灵和他们思想与行为的关系，就会了解得更细致，更透彻。那么，你说服别人的能力就大为提高了。倘若你能够说服这种不可理喻最难说服的人，那么，说服其他人就更容易了。

在我们朋友之中，不乏善于替人剖疑析难、排难解纷的人。他们都是在经常关心别人，在设法解决别人问题的努力中，积累起丰富的说服别人的经验。

自然得体的表现

事业的成功与失败，往往决定于你的口才，决定于你在社会生活中所说的话，有时还会决定于某一次的谈话。这可不是夸张，是从实际生活的经验总结而来的。富兰克林在自传中有这样一段话："我在约束我自己的言行，在使我日趋成熟，日趋合乎情理，我曾经有一张言行约束检查表的实行。当初那张表上只列着十二项美德，后来，有一位朋友告诉我，我有些骄傲，说到这种骄傲，经常在谈话中表现出来，使人觉得盛气凌人。于是，立刻注意到这位友人给我的忠告，立刻意识到并相信这样足以影响我的发展前途。随后我在表上特别注明列上虚心一项专门注意，我所说的话，我决定竭力避免一切直接触犯伤害别人情感的话，甚至自我禁止使用一切确定的词句，如：'当然''一定'等，而用'也许''我想'来代替。说话和事业的关系，是成功与失败的关系。你如出言不慎，跟别人争辩，那么，你将不可能获得别人的同情，别人的合作，别人的帮助，别人的支持，别人的赞赏。"这是千真万确的，一个人的事业成败，常会在一次谈话中获得效果，常会在你日常的谈话中取得印证。你想获得事业上的成功，必须具备应付自如的口才能力。

在事业上，有些谈话是比较严肃的。谈话的目的，不只是一种社交上的需要，也不只是互相认识一下，互相了解一下。例如：你要找一位朋友，请他参加一个活动，一个团体组织，或是一个社会福利工作，或者是一位医生解决一个医疗问题，或是买卖双方生意上的谈判等等这一类的谈话，究竟和一般社交性质的谈话有什么不同呢？这方面的内容，二者是一样。只要你具有一般的谈话能力，你要能够适应对方，尽可能地了解对方的特点。你要有兴趣，态度要友好而又真诚等。有些地方却是不同的，这类谈话，每次都有一个特殊的目的，都有不尽相同的内容。

请客送礼的窍门

人类社会的人际交往中，必然避免不了请客送礼。人们借着形形色色的名目，大大小小的圈子，或同学一群，或同事一桌，或至交二三人，聚会一起，共同欢聚畅饮，品尝佳肴珍品美味，以消除陌生，加强感情，增进协作，传达美意，加深了解，建立相互之间的信任。人类社会对此乐此不疲。古代与现代、外国与中国皆为如此，这真是人类独有的好方法、好主意。因此，名目繁多的大宴小酌统统出笼，点缀得这个社会光彩夺目，让人们愈来愈沉醉其中。现在的人，大都注重享受，要快乐、要舒适、要交际都到饭店宾馆酒楼。若二三至朋好友，则到自己家中，当更符合传达美意，加浓情感的要求。家是城堡，哪怕是城堡再小，再陋，对于密友而言，自有其特殊的意义和情调。

不过，无论是大宴小酌，在事前都应当做周详的考虑。不能仅有满腔美意，这样就可能不至于疏失，造成反作用，或效果不佳。

请亲朋好友吃饭，应当控制在相当的条件下，即指从计划到开始，从开始到结束，都应当在意料之中。切忌妄图力不从心的宴请，诸如宴请未开始自己便先累倒了，或菜式太多太复杂，结果使客人怪不好意思。有的人不顾自己的斗室面积的事实，邀请的客人太多，弄得大家无立锥之地，搞得屋子里乱哄哄、热烘烘，使客人心情纳闷，无精打采。宴请时要知道客人的爱好，邀请的陪客也应当有相同的谈话意味，至少也必须对主宾没有歧见或矛盾。在使用称呼方面，应当负责介绍来宾的姓名、身份、工作、不要随意夸张，不要着意渲染，必须简要，两三句便可以。当来宾坐下之后，切莫独自和某一个展开忘我的长谈，必须注意处理好众人的关系，不要这个冷，那个热。对于那些遭到冷落或接不上嘴的沉默之人，应去为其解围，要不露神色，使大家在热烈、融洽、友好气氛中享受。

当宾客相继回家时，应像迎接宴客一样，站立于门口与他们一一握手道别。当大家成群离去时，也应送至门口，挥手互道晚安，并应致意：感谢各位的光临，谢谢大家把宴会气氛维持得这样好。如果吃完稍停一下，客人要走时，不要以时间还早挽留客人。如果是星期天或节假日，尤其不宜说，现在还早得很，不能这么早就走，太不给面子了。你要知道，大多数客人还有其他事情要做。或是次日早晨要起个大早。对于迟迟不愿离去的客人，他们明显是喜欢这热闹的气氛。这时你可以停止冲茶水或停止供应糖果，来暗示客人该是离去的时候。假若还不生效，那就可以明白告诉他：可惜时间太晚了，明天还有工作要做；或者说这几天很忙，困得很；或者说这几天身体不太正常，应多休息；如果是你兴致未尽，那么自己玩玩，不过我要睡一下，请不要见怪等。

作为宾客，也应理解主人的心理，要在适当的时候离开。因为主人也忙碌了相当长一段时间，有些疲劳，要适当休息，使身心恢复到正常状态。

作为宾客，有义务维持宴会的气氛，你的行为要表现得与宴会协调。假如你觉得身体不舒服，这个时候最好掩饰你的不适；如果心情不开朗，最好不要皱眉头，要显出正常，最好脸上还要挂上微笑；如果你确实身体不适、或者心情不开朗，那么最好带着你的沮丧心情走吧，以免影响其他人的情绪。要知道，你不可以在宴会上与别人打架，但也无须什么事都让别人牵着鼻子走。你可以表示相反的意见，只要不出口伤人或恶言恶语，或进行人身攻击即可。只要是真诚地表达自己的意见，而不是以你的意见去压制别人的意见。尤其是主人忙得晕头转向、无暇顾及把你介绍给别人时，你应自己把姓名、身份、工作告诉其他人。当你与大家混熟了时，还应当帮助主人招待别的客人。

当告别时，如果是女主人，你应向她具体地致意，因为女人都是有虚荣心，而又细致的人。如：菜做得很可口，或说她做事有条不紊，或真诚请教她怎样做某道菜。她会很开心，很愉快。如果是男主人，则最好告诉他你从没有这么自在过；或说你从未参加过这么令人兴奋，陶醉入迷的宴会。

日常生活的交谈艺术

在日常生活中，性别、年龄、社会地位、经济关系、生活状况等方面的差异往往会构成人与人之间的鸿沟，使人与人之间很难愉快地相处和交谈。但是，在我们这个众生云集的世界里，人与人之间的交流又是不可避免的；在很多场合，我们不得不与难交谈的人交谈，因为与这些人交谈是我们生活的不可分割的一部分。如果我们能同他们很好地相处和交流，同他们保持良好的关系，我们就可能生活得顺利而又丰富多彩。因此，我们必须学习与难交谈的人交谈。

其实，难交谈的人同我们一样，也是人而非异类。只要我们善于观察研究他们，懂得他们的性格特征，与他们很好地交谈也不是不可能的。在我们的生活圈子里，异性、长者、生人孩子、亲友、上司、同事、病人和顾客等都是活生生的难以交谈的人，也是我们必须与之交谈的人。下面就从异性交谈开始，介绍一些与人说话过程中的实际运作方法和技巧。

同异性交谈是微妙复杂的，也是现实生活中最需要我们注意与研究的。有些朋友，特别较少同异性接触的，往往会感到很紧张，手足无措。下面就介绍几种同异性交谈的方式，希望能对读者有所帮助。

1. 谈情说爱的说话方式

提起谈情说爱，许多朋友并不陌生。在谈情说爱的过程中，口才是很重要的。一个口才很好的人在谈情说爱时总比口才不好的人吃香得多。尽管情和爱的发展，并不只靠"谈"和"说"，但是从最初的相识，到互相热爱的整个发展过程中，谁能够抹杀"言语"在传情示爱中的重要作用？

谈情说爱中所需要的口才，比平时要精致细腻得多，谈话中要特别小心，不可乱说话。对异性说了不恰当的话，有时会引起一场灾难。最初同异性朋友交往，切忌紧张。不存非分之想，紧张什么？还是大大方方，用一丝微笑来开始你们的友谊吧！

同异性交谈，特别是同某位异性初次交谈，不要顾虑过多。有些女子在初次同异性接触时不愿多说话，在男士首先向她说话的时候，她惜语如金地仅用"是""否"等答复，使男士陷入窘境，在这种情况下，男士应当主动一些，在交谈之前最好能了解对方的性格，做好思想准备。如女方保持沉默，男士就要先找到话题，因为一问一答的谈话方式始终是无法打开畅谈的局面的。

怎样去寻找合适的话题呢？首先，男士在弄清女子的生活环境之后，便可找到无穷的话题。譬如，对年轻的女性，可以问她学校的情况，因为世间没有一个学生不高兴说自己的学校的情况。对年纪较大的女性，不妨和她谈她的儿女，因为世界上没有一个母亲不爱谈自己的儿女。至于未婚女子，则从谈日常生活入手，然后观察对方对什么感兴趣，投其所好。这样，局面自然而然就打开了。

2. 激将的说话方式

有时，男士还会遇到一种女子，不管你如何发问，她总是简单作答，既不反攻，也不表示任何意见。对这类的谈话对象，男士不妨试用激将的谈话方式。

对于女人，男士如何使用激将法呢？女子一般最怕男人知道其弱点，男士应利用这种心理，借第三者的话把对方的弱点说出来，这样就会在女子的内心造成一种震荡。这时她没有不起而抵抗的。好在这是引述他人的话，她决不会说你什么，但因为她要为自己辩护，谈锋便来了。你的目的也就达到了。

有的男士不愿当面说别人的弱点，那么，可以讲一个故事或一则笑话，委婉将女子的弱点寓于故事或笑话之中，这样也可以对女子起一种触发作用，促使女子说话多一些。

另外说一点，如果激将法还不能奏效，那么你就应该考虑换换谈话对象，不应强求。常言道，强扭的瓜不甜，强说的话也不会中听。

3. 寻机插入的说话方式

在许多场合，男女间的交谈不是一对一的，而是一对几或少数对多数。在这种情况下，处于少数的一方只有通过适当的方式插入对方的群落，才不会有被冷落的感觉。

几个女子在一起，免不了大谈衣服、发式、鞋袜等。一个男士在这种场合如果不想被冷落，就应该以一件新奇的事情把大家从衣服鞋袜上吸引过来。如你可以说："刚刚电台广播××电影明星又开拍××片子了"等，此后，你可渐渐地转入××国的金融事业、某一个地方的风俗习惯等，以一种主人姿态加入到她们的交谈中。

当一个女子处于许多男子之中，情形就又不一样。男人之间谈的话题是广阔的，有政治、经济，也有社会问题。在这种场合，一个聪明的女子应持一种以"静"为"动"的态度。她可以不发表什么意见，但应当倾听别人的见解，因为倾听别人谈话本身就是一种参与。而且，有女子来倾听，对于说话的男子来说也是一种鼓励。女子在倾听别人说话时，最好还能提出一些知识性的问题，如打官司要经过哪些部门，什么样的人具有优先继承权等。对这些问题，男士是乐于问答的。这样，女子也就不会有冷落感了。

4. 下级与上司的说话要领

无论对拥有何种文化背景的人来说，上司在人们心目中的地位都是非常重要的：同上司的关系如何，可以说在一定程度上决定着一个人的前途和命运，而同上司的关系，都是在日常与上司的交往中建立的。因此，与上司谈话的成功与失败，就有一层特殊的意义。一般人同上司交谈时就感到特别紧张。

许多人对上司的态度是一味地奉承和附和。其实，这种办法在当今社会中不一定就能得到上司的好感，因为不但自己降低了自己的人格，这种自卑的人也是不会得到上司对你重视和赏识的。

作为上司，他们担负着领导责任，他们的学识和办事经验也可能比一般人多，他们受别人尊敬是理所当然的。但是，在尊敬他们的同时，我们应该保持自己的人格。其实，对上司的最好的尊敬就是对本职工作的认真负责。在必要的时候，不要害怕自己的观点与上司有什么不同。只要态度是礼貌的、谦恭的，忠实地说出自己的看法反而比一味地奉承献媚、随声附和更能得到上司的重视。

作为下级，我们也应该懂得，上司同我们一样也是人，而且他们也有上司，他们任何时候也在为本身的事业利益着想。他们更需要一些有真才实学的人，需要一批敢于提出不同意见的忠实可靠的助手。因此严格地说，献媚奉承、曲意附和是一种不老实的欺骗行为，这种欺骗行为还可能对其事业造成巨大的危害。

因此，在同上司交谈的过程中，不应该仅仅采取一味"叩头"的政策，而应该主动一些，对于一些喜欢在下级面前摆架子的领导，应以对事业的独到的见解确立起在他们心目中的地位，不要被其权威吓倒；对于那些平易近人，经常主动与下级交谈的领导，我们也应该主动地同他们交往，除业务往来之外，还应该与他们建立牢固的私人友谊。只有这样，我们才会在工作中感到心情愉快，游刃有余，永远立于不败之地。

圆满的交际口才

谁都不排除有机会成为某些聚会或宴会上的主人，作为聚会或宴会的主人，能否很好地介绍一些陌生人互相认识，也是考验其口才和说话魅力的一个重要方面。因为既然大家都很陌生，相互之间也不甚了解，所以介绍起来不一定很容易表达得好。

作为宴会的安排者或者宴会的主人，应该特别留心好好地介绍自己的客人。在安排席位时，要小心地把某些人放在一桌上，也要很小心地使某些人避开。如果能在每一桌都安排一位口才较好、擅长招待客人的朋友，那就再好不过了，而且这位朋友要能注意到桌上的每一位客人，使每位客人都没有寂寞与被冷淡的感觉，使他们在这个宝贵的时间里不仅饮了主人的好酒，吃了主人的佳肴，更重要的是结识了许多新交，享受到了一次愉快的有趣的交谈。说不定有人就在这次聚会或宴会上，遇见了他未来情同手足的生死之交或未来的终身伴侣。

在陌生人的聚会中，主人在介绍两位陌生的客人相识时，最好选择客人双方都感兴趣的朋友。比如，把两个从事同一行业的人牵在一起，因为趣味相投，他们日后还会成为非常要好的朋友。再如，把一个诗人介绍给一音乐家，把一名化妆师介绍给一位化学教授，把一名新闻记者介绍给一位社交名流，把出版家介绍给印刷专家，把画家介绍给电影明星，把医生介绍给体育健将，往往会收到良好的效果。对于从事性质十分不相同的工作的人，除非万不得已，最好不要把他们牵在一起。

介绍陌生人相识时，最好把男客人介绍给女客人，把少年介绍给老年，这是一种好的礼貌，是出于对女性和年长者的尊敬。在介绍之后，连对方姓什么谁都未听清，这种介绍是不成功的。另外，为了使客人易于交谈，一定要介绍双方的职业、特长。如果主人知道双方有共同的嗜好，比如都喜欢集邮或垂钓，不妨替他们说出，以便他们更接近些。

如果不是介绍一些名人，我们有时不妨把被介绍者的名字漏去，仅把双方的姓氏予以介绍。这是使初会面者易于记忆的一个较好的办法，如果被介绍人双方真有必要知道彼此的名字，他们会自己请教对方。最后，在介绍两陌生者认识之后，还应陪他们交谈几句，替他们打开交谈的局面。其实，这也很重要。

当聚会主人或第三者介绍某位陌生人与我们相认时，我们首先必须留心地去听，除了听清对方的姓名之外，还要注意听清介绍人所提供的有关对方的其他一些情况，以便找到与对方接近的话题。比如，被介绍的人可能刚从某地返回，我们就最好仔细想一想，自己是否了解有关那个地方的知识，最近报上是否登过关于那个地方的新闻，以便准备一下谈话的内容。至少我们可以问问对方返回的交通路线以及旅途的所见听闻。

当主人或第三者将我们介绍给陌生人时，也应该留心地去听。介绍者可能会暗示对方可以和我们谈些什么，也可能暗示我们可以和对方谈些什么。如果介绍者只介绍了双方的姓名，其他什么也没有提到，那么可以主动地介绍自己，给对方一个接近的启发。主动坦诚地将自己的某些情况介绍给了别人，那对方也多半会愿意告诉我们他在这方面的一些情况。我们千万不可询问陌生人的收入及家庭感情方面的事，只能问问对方大概的住址及交通方不方便等。当然，如果我们对对方的态度使他十分满意，他也许会主动介绍一些我们不便问及的事情。

在与陌生人交谈时，我们要比和老朋友谈话时加倍地留心。因为对对方所知甚少，所以不得不重视抓住任何能得到的线索。对方的声调、眼神，对方开口时最初的几句话以及他与别人谈话时的态度，这些细节性的东西，都包含着帮助我们认识他的有效线索。而掌握更多的认识对方的有效线索，则无疑会增强我们与对方交谈的勇气，并使谈话圆满成功。

第七章
说话应注意礼仪

旧曲新翻祝酒词

交际活动中的宴会，免不了相互祝酒。一是加强了解，增加感情；二是活跃聚会的气氛。祝词有即兴发言，也有准备稿子的，通常的祝酒词分为四段。开头一段，结尾一段，中间两段。

万事开头难。开头除称呼外，要表示欢迎、感谢、祝贺等各种致意。

结尾也不容易。结尾往往以表示决心、信心、希望和其他祝愿之词结束。

开头和结尾都是客套话，似乎是老一套。如何使老一套不落俗套，那就要看当事人的口才了。且看某市市长出访德国马尔巴赫市，在欢庆两市成为友好城市的晚宴上的一段致辞：

"让我端起金色的葡萄酒，在诗人席勒的故乡，用他著名的《欢乐颂》里的一段话，为我们已经签订的盟约干杯！'巩固这个神圣的团体，凭着这金色美酒起誓：对于盟约要矢志不移，凭星空的审判起誓。'"这样的结尾风格独特。祝酒词突出该市是席勒的故乡这一典型特征，引用席勒的名诗名句，把酒会的欢乐气氛及双方长期友好合作的愿望表达得淋漓尽致。

中间两段一般是赞扬对方和介绍自己。赞扬对方既是对对方的尊重，又是一种礼貌。如尼克松1972年访华时，赞扬我国长城；撒切尔夫人1982年访华时，赞扬中国是很多科学发明的发源地。在祝酒词中适当介绍自己，是提高自己知名度的好机会。介绍内容须根据具体对象，择词而言，灵活机动，不拘一格。

祝酒词要有文采。适当引用成语、名言、典故、诗词以及幽默，能使讲话更有感染力。1984年，缅甸总统吴山友访问上海，市长在祝酒词中引用了陈毅元帅《致缅甸友人》的诗句"我住江之头，君住江之尾，彼此情无限，共饮一江水。"

大家都知道中缅交界只有一江之隔，两岸人民共饮一江水。话语亲切，表达了中缅两国人民之间的情谊，外宾十分高兴。有一次，中央一位领导访问朝鲜，在告别宴会上祝酒时，引用李白《赠汪伦》诗中"桃花潭水深千尺，不及汪伦送我情"的诗句来热情赞誉主人的深情厚谊。

比喻也能使祝酒词生动形象。如上海建筑材料工业学院与美国阿尔弗莱德大学陶瓷学院建立校际关系时，对方斯蒂政斯教授在宴会上祝酒时说："过去，我们交往只是一条小路；现在，却是一条宽敞的大道。我相信，我们的友谊和交往一定会成为一条高速公路。"这一连串的比喻，言词贴切，恰到好处地说出了他内心的祝愿，赢得了大家一致的掌声。

譬喻通俗大众化

凡精切而幽默的譬喻，所比的两事物必定迥然相异，而两事物在所比的某一点上却又非常相似，由此便产生出奇巧和出人意料的幽默效果。富于创见性的譬喻不但能准确言明事理，使人顿悟，而且颇富哲理，能给人启发，令人沉思。同一句话，同一个譬喻，由于人们职业、经历、兴趣、爱好等等的不同，所产生的效果就不一样。要使自己的幽默为最大多数的人意会和理解，必须尽可能在听众所熟知的事物中取喻，以达到人人心中有、人人口中无的境地，方能一石激起千层浪，使他人对你所言心领神会，产生强烈的共鸣。

有一次，作家刘绍棠到外地讲演，一位听众突然发问："共产党这么英明伟大，为什么就不能容纳一点自由化的东西呢？"

刘绍棠听后，"腾"地站了起来。

"你们看我的身体怎么样？"大家见他面色红润，身体健壮。齐声回答："健康！"

"尽管我刘绍棠如此壮实，但是，要让我吃下一只苍蝇，我决不！"刘绍棠不客气地说。

全场报以热烈的掌声。

克林顿礼战布什

克林顿要想圆他的总统梦，必须把布什拉下马。克林顿深知电视辩论的重要。如果在电视辩论中表演出色，加上舆论界广为宣传，就将为入主白宫铺平道路；如果在电视辩论中惨遭失败，那么，他的总统梦将化为泡影。

为了在电视辩论中获胜，克林顿的竞选班子绞尽了脑汁，制定出了以柔克刚的有效的辩论方法。

电视辩论不但可以显示总统候选人的竞选主张，更重要的是还能展示候选人的素质和能力，如形象、风度、思维能力、表达能力、应变能力等。美国人是一个性格外向，感情丰富的民族。他们欣赏英俊的外貌，沉着潇洒、彬彬有礼的绅士风度，赞赏幽默机智的谈吐。1960年，尼克松败在肯尼迪手下，就是因为在电视辩论中风度与谈吐均不如肯尼迪。里根之所以能当上总统，与他在当电影演员时培养出来的潇洒风度和练就的好口才有很大的关系。从外部形象看，年仅46岁的高大、英俊的克林顿当然比年纪老迈的布什占有很大的优势，但布什是一个很难对付的对手，他是一个老牌政客，在从政经验的丰富与外交成就的显赫这两个方面，克林顿无法同他相比。故而克林顿在三次电视辩论中决定采用以柔克刚的办法，不咄咄逼人，不进行人身攻击，要在广大听众面前展示出一个沉着稳重，从容大度的形象。在1992年10月15日第二次电视辩论中，辩论现场只设一个主持人，候选人前面都没有讲桌，只有张高椅子可坐，克林顿为了表示他对广大电视观众的尊敬，一直没有坐，并且在辩论中减少了对布什的攻击，把重点放在讲述自己任阿肯色州州长12年间所取得的政绩上。克林顿的这种以柔克刚，彬彬有礼的做法，立即赢得了广大电视观众的好感。

最后一次电视辩论中，克林顿英俊潇洒的姿态，敏捷的论辩与幽默机智的谈吐使他大出风头。他在对布什的责难进行了有效的反驳以后，很得体地对广大电视观众说："我既尊敬布什先生在白宫期间的为国操劳，又希望选民能鼓起勇气，敢于更新，接受更佳人选。"话音刚落，掌声雷动。

事迹报告的口气

事迹报告是以自己或他人的经历事实为材料，以感受体会为核心，以叙事为主要手段的演讲。这种演讲是讲自己或自己熟悉的人和事，所以，它更真实、更感人、更容易使人信服，因而更具有鼓动性和影响力。

从口语表达的角度来看，如何才能使事迹报告更生动感人呢？很关键的一点就是作事迹报告应使用谦虚的口气，热情的态度。在事迹介绍中，不要抬高自己贬低他人，最好是说自己如何作如何想的，而没有必要去批评他人。你的事迹本身就是对不良表现的否定，不必把它说出来，这样的态度听众才会接纳你，进而产生榜样的力量。

在评价自己的工作成绩时，不要把功劳都记在自己的头上，把其他因素一概地抹杀，这样的说法是不会服人的。要客观地把各方面都说到，这样不但不会影响自己的事迹，而且还展示了为人处世的品质，人们会更加崇敬你。如有个同志在介绍自己的事迹时这样说："我说的这些，其实并不都是我做的，有很多是同志们做的，我只是在他人大量工作的基础上，又前进了一步，如果没有领导、同事的支持和帮助，也就没有我今天的成功。今天，我站在了讲台上，不过是集体创作的一个代表……"这位同志的谦虚品质更赢得了人们的尊敬。

依依道别的口才

得体的告别语言能增进友谊，令人难忘；别出心裁地巧妙处理送别可能会促进一桩买卖，而且为今后双方的成功合作打下良好的基础。

有一位公司女秘书替老板接待来访客户，由于她工作出色而深受客户喜爱。在离别时，客户为了表达对这位小姐的感激之情，赠给她一个大海贝作纪念。

她赞叹海贝的美丽，但当她知道这礼物是客户从很远的地方弄到的，她感动地说："为送给我这件礼物跑那么远的路，我真过意不去。"

"我为得到它而进行的长途跋涉，就是我送给你这礼物的一部分。"客户答道。

别具一格，精心挑选的离别赠礼，是最有分量的，它凝聚了送礼者的至诚爱心。

情真意切的告别演说也催人泪下。亚伯拉罕·林肯是美国第16届总统，1865年赢得内战胜利，废除了黑奴制。1861年2月11日林肯当选总统赴华盛顿就职前，在他工作所在地伊利诺斯州发表告别演说：

朋友们：不是处在我这地位上的人，很难体味到我此刻的惜别之情。这地方和这里的人民的友情给了我一切。我在这里度过了四分之一世纪；从青春岁月到了暮年。我的孩子在这里出生，其中一个埋葬在这里。我现在要离开你们，不知何年何月再回来，甚至不知是否能再回来。我面临的任务比当年华盛顿总统肩负的还要重大。没有上帝的扶持，我不会成功。有了上帝的扶持，我就不会失败。让我们满怀信心和希望，一切都将好起来。愿上帝赐福于你们，愿你们祈求上帝赐福于我。我向你们依依道别。

这篇告别演说短小精悍，语言朴实，道出了一个即将远行的人对故土的无限依恋之情。

史蒂文森的幽默

史蒂文森是美国50年代的一位政治家，他曾与艾森豪威尔两次竞选总统，两次都败在艾森豪威尔的手下。但史蒂文森始终保持幽默的作风与风格，即使在最失意的时候，他也不忘记幽默。因而，他即使是两度竞选失败，没有登上总统的宝座，但仍然取得了很大的成功。

当史蒂文森第一次荣获提名竞选美国总统时，他内心异常激动，他自己打趣道：

"我想，得意扬扬不会伤害任何人，也就是说，只要人不吸入这空气的话。"

当他竞选总统失败时，他仍以充满幽默的口吻，在门口欢迎记者进来，并风趣地说：

"进来吧，来给烤面包验验尸。"

后来，有人邀请史蒂文森作演讲。他在去演讲的途中遇到阅兵的行列而使汽车受阻，因而耽误了时间，到达会场时已迟到了，面对耐心等待他到来的人群，他当即表示歉意，并解释说："军队英雄老是挡我的路。"

听众们知道，史蒂文森两次竞选的对手，都是艾森豪威尔这位"军队英雄"。因而史蒂文森所说的这句话，让听众心领神会，捧腹大笑。

其实，无论是谁，在前进的道路上总会碰到这样那样的困难和障碍，或是工作上的失意，或是家庭的困难，或是心理的不适。只要你面对挫折，用幽默的方法排解失意，你一定会在人际交往中左右逢源，并且能激励自己战胜困难，增加勇气和信心。

交际介绍贵简明

在家靠父母，出门靠朋友。要想在激烈的竞争中迅速崛起，需要广交四海宾朋，介绍就在我们的交际生活中显得格外重要了。

常见的有自我介绍，被人介绍和作为中间人介绍甲乙双方相识三种情况。

自我介绍，宜简明扼要。如"我是张三，是深圳皮革有限公司的一名业务员。"如有名片，可递上一张名片，说："这是我的名片。"如果没有名片，而你的姓名用字比较冷僻少见，或是和通常惯用的姓名用字谐音容易混淆时，可加以说明。比如说："我叫章曦，章是文章的章，曦是晨曦的曦。"这种认真态度，体现了你对对方的尊重，使对方感到你有和他进一步交往的愿望。

自我介绍，贵在谦虚。比如你的头衔，你的业绩，或者你是某名人的至亲好友等，如果不是必要的话，初次相见，不提为好，以避吹嘘自诩和攀龙附凤之嫌。

别人在向你介绍他自己时，我们要全神贯注，侧耳恭听，并说："认识你非常高兴。"左顾右盼，漫不经心的样子是很不礼貌的。

我们做中间人介绍甲乙双方相识时，应先将晚辈或下属介绍给长辈或上级。比如一方是你的上司王老板，一方是你的同学小张，你从中引荐介绍时，应共同面向尊长。"王经理，这是我的同学小张，广州白云宾馆接待处导游。"然后再反转来对小张介绍说，"这是我的上司王经理。"在人员众多的情况下，我们一定要以尊长为中心，形成众星捧月之势，上下有序，向背分明，表达对尊长的敬重。

如何说 "不"

当我们想拒绝别人时，心里总是想："不，不行，不能这样做，不能答应！"等等，可是，嘴上却含糊不清地说："这个……好吧……可是——……"

这种口是心非的做法，一方面是怕得罪人；另一方面，过于直率地拒绝每一个问题，永远说"不"，也不利于待人接物。那么，如何说"不"呢？

1. 用沉默表示

当别人问："你喜欢阿兰·德隆吗？"你心里并不喜欢，这时，你可以不表态，或者一笑置之，别人即会明白。

一位不大熟识的朋友邀请你参加晚会，送来请帖，你可以不予回复。这本身就说明，你不愿参加这样的活动。

2. 用拖延表示

一位女友想和你约会。她在电话里问你："今天晚上八点钟去跳舞，好吗？"你可以回答："明天再说吧，到时候我给你去电话。"

3. 用推脱表示

一位客人请求你替换个房间，你可以说："对不起，这得值班经理决定，他现在不在。"

你和妻子一块上街，妻子看到一件漂亮的连衣裙，很想买。你可以拍拍衣袋："糟糕，我忘了带钱包。"

有人想找你谈话，你看看表："对不起，我还要参加一个会，改天行吗？"

4. 用回避表示

你和朋友去看了一部拙劣的武打片，出影院后，朋友问："你觉得这部片子怎么样？"你可以回答："我更喜欢抒情点的片子。"

你正发烧，但不想告诉朋友，以免引起担心。朋友关心地问："你试试体温吧？"你说："不要紧，今天天气不太好。"

5. 用反诘表示

你和别人一起谈论国事。当对方问："你是否认为物价增长过快？"你可以回答："那么你认为增长太慢了吗？"

你的恋人问："你喜欢我吗？"你可以回答："你认为我喜欢你吗？"

6. 用客气表示

当别人送礼品给你，而你又不能接受的情况下，你可以客气地回绝：一是说客气话；二是表示受宠若惊，不敢领受；三是强调对方留着它会有更多的用途等。

7. 用外交辞令说

外交官们在遇到他们不想回答或不愿回答的问题时，总是用一句话来搪塞："无可奉告"。生活中，当我们暂时无法说"是与不是"时，也可用这句话。

还有一些话可以用作搪塞："天知道""事实会告诉你的""这个嘛……难说"等等。

当我们羞于说"不"的时候，请恰当地运用上述方法吧。但是，在处理重大事务时，来不得半点含糊，应当明确说"不"。

示弱——抵消嫉妒的妙方

在事业和竞争中为了取胜，当然不可以示弱，但在特定情况下公开承认自己的短处，有意暴露自己某些方面的弱点。往往是一种有益的处世之道。

示弱可以减少乃至消除不满或嫉妒。事业上的成功者。生活中的幸运儿，被人嫉妒是客观存在的。在一时还无法消除这种社会心理之前。用适当的示弱方式可以将其消极作用减少到最低限度。

示弱能使处境不如自己的人保持心理平衡，有利于团结周围的人们。

要使示弱产生积极作用，必须善于选择示弱的内容。

地位高的人在地位低的人面前，不妨展示自己学历不高，经验有限，知识能力有所不足，有过种种曲折难堪的经历，表明自己实在是个平凡的人。

成功者应多在别人面前说自己失败的纪录，现实的烦恼，给人以"成功不易，成功并非万事大吉"的感觉。

对经济能力不足的，可以适当诉诉自己的苦衷。诸如健康欠佳、子女学业不妙以及工作中诸多困难。让对方感到"他家也有一本难念的经"。

某些专业上有一技之长的人，最好宣布自己对其他领域一窍不通，袒露自己在日常生活中如何闹过笑话、受过窘等。至于那些完全因客观条件或偶然机遇侥幸获得名利的人，更应直言承认自己是"瞎猫碰到死耗子"。

示弱可以是个别接触时推心置腹的长谈，幽默的自嘲，也可以是在大庭广众之下，有意以己之短，补人之长。

示弱有时不仅表现在语言上，还要表现在行动上。

自己在副业上已处于有利地位，获得了一定成功。在小的方面，即使完全有条件和别人竞争，也要尽量回避退让。也就是说，事业之外，平时对小名小利应淡薄疏远些，因为你的成功已经成了某些人嫉妒的目标，不可再为一点微利惹火烧身，应当分出一部分名利给那些暂时的弱者。

示弱是强者在感情上体贴暂时在某些方面处于劣势的弱者的一种有效的手段。它能使你身边的"弱者"有所慰藉，心理上得到平衡，减少或抵消你前进路上可能产生的消极因素。

讥讽——一把双刃剑

讥讽，在交际性语言中是一种有较强刺激作用和感情色彩的表达方式。

讽刺性谈吐具有含蓄、幽默、风趣、辛辣的特点，是一种"攻式"语言。它通过比喻、夸张、反语等修辞手法，来表达说者的轻蔑、贬斥、否定的思想感情，能收到揭露丑恶；戏弄无知、回击挑衅等交际效果。

在交际场合，人身攻击之类的不愉快事件是难免的，如果你不想吃哑巴亏，讽刺将成为你防身的盾牌。

反唇相讥必须藏中有露，露中有藏，尽藏则不知所云，尽露则赤膊上阵了。

萧伯纳的《卖花女》准备上演了，他派人给丘吉尔送去两张票，并附一张短笺："亲爱的温斯顿爵士，奉上戏票两张，希望阁下能带一位朋友前来观看拙作《卖花女》的首场演出，假如阁下这样的人也会有朋友的话。"

丘吉尔答复道：

"亲爱的萧伯纳先生，蒙赐戏票两张，谢谢。我和我的朋友因为有约在先，不便分身前去观赏《卖花女》的首场演出，假如你的戏也会有第二场的话。"

一个嘲讽政治家只有对手，没有朋友；一个反讥戏剧家作品可能短命，不会长寿。讥中含趣，乐中有嬉。

当然，讽刺要掌握分寸。讽刺之言是不宜随意使用的，要区别对象、场合。

讽讥之言就其动机来说，有善意与恶意之分。对敌人的讽刺要针锋相对，不留情面；而对一般人的讽刺，则应是善意的。通过讽刺之言，意在引起对方警觉，绝不是出对方的洋相，拿对方取乐。

更不要以为自己会讽刺，就到处挑战，稍不如意，就对别人挖苦讥笑，恶语中伤。这样不但伤害了别人的感情，而且也使自己孤立，或成为众矢之的。

要记住，讽刺像一把双刃剑，它可以使你受益，也可以使你受损。用得恰当，它是利器，用之不当。便会成为"惹事牌"了。